Fioretti de
São Francisco de Assis

CB054327

Dados Internacionais de Catalogação na Publicação (CIP)
(Câmara Brasileira do Livro, SP, Brasil)

Fioretti de São Francisco de Assis / tradução de
Durval de Morais. – Petrópolis, RJ : Vozes, 2023.

Título original: Actus Beati Francisci et
Sociorum Eius.

ISBN 978-65-5713-943-1

1. Francisco, de Assis, santo, 1181 ou 2-1226 2.
Igreja Católica 3. Santos católicos – Biografia.

23-157428   CDD-282.092

Índices para catálogo sistemático:
1. Francisco de Assis, Santo : Vida e obra
282.092

Aline Graziele Benitez – Bibliotecária – CRB-1/3129

Fioretti de
São Francisco de Assis

Tradução de Durval de Morais

EDITORA
VOZES

Petrópolis

Tradução do original em latim intitulado *Actus Beati Francisci et Sociorum Eius.*

O texto desta tradução foi extraído de *Fontes Franciscanas e Clarianas*. Petrópolis/Brasília: Vozes/CFFB, 2004, p. 1.487-1.625.

© desta tradução:
2023, Editora Vozes Ltda.
Rua Frei Luís, 100
25689-900 Petrópolis, RJ
www.vozes.com.br
Brasil

Editoração: Fernando Sergio Olivetti da Rocha
Diagramação: Littera Comunicação e Design
Revisão gráfica: Nilton Braz da Rocha
Capa: WM design
Ilustração de capa: Lúcio Américo de Oliveira

ISBN 978-65-5713-943-1

Este livro foi composto e impresso pela Editora Vozes Ltda.

Sumário

Nota do editor

O benévolo leitor há de compreender a ausência do nome do autor na capa deste exemplar. Existe um percurso que envolve a passagem dos *Actus beati Francisci et sociorum eius* à forma popularizada dos *Fioretti*, ou *Florinhas*, com incertezas e imprecisões decorrentes tanto da distância cronológica do texto quanto de seu contexto de nascimento.

É difícil precisar o autor. Há as sugestões de que se considere como compiladores Frei Hugolino Boniscambi de Montegiorgio e, talvez, outro frade desconhecido, oriundo das Marcas, do círculo de amigos de Ângelo Clareno. Felice Acrocca, que nos serviu de base para esta nota, acredita que Hugolino tenha se servido de fontes preexistentes.

Caso o leitor se interesse em aprofundar a questão, convém conferir o denso trabalho do autor citado: ACROCCA, F. *Un santo di carta* – Le fonti biografiche di San Francesco d'Assisi. Milão/Roma: Biblioteca Francescana/Centro Culturale Aracoeli, 2013, p. 537-558.

Introdução

I Fioretti – Floração miraculosa de "canções de gestados cavaleiros *tabulae rotundae*". Bem os chamou, quem os chamou assim. Canções de gesta de guerreiros trovadores, armados para a guerra santa do Amor de Deus, pelo mais louco dos loucos da cruz. Bíblia humana, aromada como um canteiro de rosas, dos que seguiram e seguem o "irmãozinho da cinza", o "gonfaloneiro de Cristo".

I Fioretti – Nome intraduzível, que nos chega do passado de tantos séculos, vivificado pelo prestígio do tempo e da fé, embalsamado pelo perfume das almas dos que renunciaram ao orgulho e à carne, ao dinheiro e à ilusão, para acompanhar a santa loucura de um mendigo.

I Fioretti – Através de todas as línguas devia passar como um vocábulo único, que se não vulgarizasse numa semelhança, esse misteriosamente evocativo *Fioretti...*

Quem, palavra a palavra quase, traduziu o límpido livro, e teve o mesmo desejo de Paul Budry ao verter o *Speculum Perfectionis*: "Nous l'avons traduite avec le respect que l'on doit aux livres Saints", não quis apresentar à alma brasileira os Fioretti caricaturados em florezinhas, florinhas, floritas, florezitas, floração, florilégio, flórula, flósculos... ou qualquer palavra que não traduzisse *Fioretti*.

Bem sabes, meu pai São Francisco, como seria fácil ao teu indigno filho sobrecarregar esta introdução com o leve peso de uma erudição sem peso, reproduzindo tudo quanto se tem dito da origem, dos autores, da língua, da significação de Fioretti. Bem pouco difícil lhe seria tomar o bordão de eremita que fizesse crer aos outros atravessasse desertos sáfaros ou píncaros gelados, e caminhasse através de jardins plantados por muitos, e fingisse encontrar a rosa azul da legenda, para mostrar uma rosa qualquer tingida de anilina.

Que importa ao pobre trovador, arrancado por ti, meu pai São Francisco, aos aplausos do mundo para o silêncio do teu silêncio, fossem estas canções primitivamente escritas em latim, *Actus Beati Francisci et Sociorum Eius*, e depois transferidas à língua vulgar; ou se, mais poeticamente ainda, foram contadas estas deliciosas historiazinhas pelos frades menores, sorridentes e humildes, nos pátios dos conventos, aos crepúsculos suavíssimos da Úmbria; ou se nasceram nas salas dos castelos, em longas noites hibernais, cantadas pelos cavaleiros andantes? E que depois fossem vertidas para a língua eterna por algum velho frade erudito?

Meu pai São Francisco, santo sem ciência humana, que lhe importa, ao teu filho ignorante e desconhecido, a análise destas páginas sagradas, como páginas litúrgicas, pelos sectários da crítica histórica pelos processos de crítica interna... da crítica?

Teu filho tem horror aos botânicos que espedaçam a flor, para lhe dar a morte na sepultura de uma classificação, ou aos entomologistas que arrancam as asas dos insetos, para enquadrá-los nos sepulcros dos esquemas. E esses botânicos e esses entomólogos das letras, esses que analisam os espíritos, também lhe fazem horror. Morreria de velhice e desilusão, antes de ser entendido, quem dos passarinhos indagasse em que instituto de música aprenderam as suas canções, e às flores em que laboratório lhes ensinaram a fabricar seus perfumes.

Deixassem-nos sem história, sem filiação, sem averiguações críticas, sem análise, a esses divinamente anônimos *Fioretti*, e eles seriam como estrelas iluminando as noites das almas, como cantos suavizando as agonias dos corações, como flores lembrando o passado, o santo *passado*, eternamente vivo neste evangelho escrito pelos discípulos do "outro Cristo", do que amou o Amor e que morreu num êxtase de Amor.

Fioretti de São Francisco

Capítulo 1 – Em nome de Nosso Senhor Jesus Cristo crucificado, e de sua Mãe, a Virgem Maria. Este livro contém alguns Fioretti[1], milagres e exemplos devotos do glorioso pobrezinho de Cristo monsior São Francisco, e de alguns santos seus companheiros. Em louvor de Jesus Cristo. Amém

Primeiramente devemos considerar que o glorioso monsior São Francisco, em todos os atos de sua vida, foi conforme[2] a Cristo bendito; porque,

---

1 *Os Fioretti* são um florilégio, coletânea maravilhosa e inimitável de episódios, "milagres e exemplos devotos", os mais belos e mais significativos da vida do Pobrezinho de Assis e de alguns de seus companheiros. Ou, como alguém os chamou, "canções de gesta dos cavaleiros da távola redonda", traduzidos para o italiano no último quartel do século XIV por um desconhecido toscano, que utilizou os *Actus Beati Francisci et Sociorum Eius*, compostos provavelmente entre 1327-1340 por Hugolino de Montegiorgio. Substancialmente, eles referem gestos e palavras de Francisco, que em geral podem ser considerados históricos ou de boa tradição oral, raramente devaneios legendários. Os motivos mais puros e idealizados do franciscanismo são transmitidos na singeleza da língua falada, na candura do sentimento religioso e na sublimidade dos ensinamentos morais do Seráfico Patriarca. Mas eles também traem um lado um tanto sombrio das divergências implantadas nas mentes através da literatura da facção dos espirituais, sobretudo nos últimos capítulos, embora não de modo exacerbado. *Fioretti, fiori*, é um título bastante comum na literatura medieval e se adapta igualmente bem à narração de milagres e exemplos.

2 Aqui se evoca bastante por alto o tema da *conformidade* de Francisco com Cristo com relação ao número e à quantidade

à maneira de Cristo, no começo de sua pregação, escolheu doze apóstolos, que desprezassem as coisas do mundo e o seguissem na pobreza e nas outras virtudes, assim São Francisco elegeu ao princípio, para fundar a sua Ordem, doze companheiros possuidores da altíssima pobreza; e como um dos doze apóstolos de Cristo, reprovado por Deus, finalmente se enforcou, do mesmo modo, um dos doze companheiros de São Francisco, por nome João da Capela, apostatou, enforcando-se também. E isto servirá para os eleitos de grande exemplo e de matéria de humildade e temor, por considerar que ninguém poderá estar certo de perseverar até o fim na graça de Deus. E como aqueles apóstolos foram diante de todo o mundo maravilhosos de santidade e cheios do Espírito Santo, assim aqueles santíssimos companheiros de São Francisco foram homens de tanta santidade que, desde o tempo dos apóstolos até aos nossos dias, não houve assim maravilhosos e santos; porquanto um deles foi arrebatado até ao terceiro céu como São Paulo; e este foi Frei Egídio; outro deles, isto é, Frei Filipe Longo, foi tocado nos lábios por um anjo com um carvão em brasa, como o Pro-

---

dos primeiros companheiros. Nas *Considerações sobre os estigmas* voltará com maior evidência.

feta Isaías; outro ainda, chamado Frei Silvestre, falava com Deus como um amigo com outro, do mesmo modo que Moisés; um voava, por sutileza de intelecto, até à luz da divina sapiência, como a águia – isto é, João Evangelista –, e este foi Frei Bernardo o humilíssimo, que profundissimamente interpretava a Santa Escritura; um deles foi santificado por Deus e canonizado no céu, vivendo ainda no mundo, e este foi Frei Rufino, gentil-homem de Assis. E assim todos foram privilegiados com singulares sinais de santidade, como se dirá daqui por diante.

Capítulo 2 – De Frei Bernardo de Quintavalle, primeiro companheiro de São Francisco

O primeiro companheiro de São Francisco foi Frei Bernardo de Assis, o qual assim se converteu. Trazendo São Francisco ainda vestes seculares, embora já houvesse renegado o mundo, e andando todo desprezível e mortificado pela penitência de modo a ser tido por muitos como estúpido e escarnecido como louco, perseguido com pedradas e lodo por seus parentes e por estranhos, e passando pacientemente, por entre injúrias e zombarias, como surdo e mudo; Monsior Bernardo de Assis, que era um dos mais nobres e ricos e sábios da cidade, começou sabiamente a considerar em São Francisco o tão excessivo desprezo, a grande paciência nas injúrias e que, havia dois anos já assim abominado e desprezado por todos, parecia sempre mais constante e paciente, começou a pensar e a dizer de si para consigo: "Não posso compreender que este Francisco não possua grande graça de Deus"; e o convidou para cear e dormir em sua casa; e São Francisco aceitou, e ceou e dormiu na casa dele. E Monsior Bernardo encheu o coração de desejos de contemplar a santidade dele; mandou preparar-lhe uma cama no seu próprio quarto, no qual sempre de noite ardia uma lâmpada. E São Francisco, para ocultar sua santidade, logo que entrou no quarto, deitou-se e pareceu dormir; e Monsior Bernardo também se deitou, depois de algum tempo, e começou a ressonar fortemente, como se estivesse dormindo profundamente. São Francisco, certo de que ele dormia, levantou-se e pôs-se em oração, levantando os olhos e as mãos ao céu; e, com grandíssima devoção e fervor, dizia: "Deus meu, Deus meu", e, assim dizendo e chorando muito, esteve até pela manhã, repetindo sempre: "Deus meu, Deus meu", e nada mais; e isto dizia São Francisco, contemplando e admirando a excelência da Divina Majestade, a qual se dignava condescender com o mundo que perecia, e preparava-se pelo seu pobrezinho Francisco a prover com o remédio da salvação a alma dele e as dos outros. E então, iluminado pelo espírito de profecia, prevendo as grandes coisas que Deus ia realizar por seu intermédio e de sua Ordem, e considerando a sua insuficiência e pouca virtude, clamava e suplicava a Deus que, com a sua piedade e onipotência, sem a qual nada pode a humana fragilidade, suprisse, ajudasse e cumprisse o que por si só não podia. Vendo Monsior Bernardo, à luz da lâmpada, os devotíssimos atos de São Francisco, e considerando devotamente as palavras que ele dizia, foi tocado e inspirado pelo Espírito Santo a mudar de vida; pelo que, ao amanhecer, chamou São Francisco, e disse assim: "Irmão Francisco, estou inteiramente disposto, no meu coração, a abandonar o mundo e a seguir-te no que mandares". Ouvindo isto, São Francisco alegrou-se em espírito e falou: "Monsior Bernardo, isto que disseste é coisa tão grande e maravilhosa que é preciso pedirmos conselho a Nosso Senhor Jesus Cristo e rogar-lhe que nos mostre a sua vontade e nos ensine o modo de executá-la. Para isso vamos ao bispado, onde há um bom padre, e pediremos que celebre a missa; depois ficaremos rezando até Terça, pedindo a Deus que, abrindo o missal três vezes, nos mostre o caminho que lhe agrada seguirmos". Respondeu Monsior Bernardo que isso era muito de seu agrado. Puseram-se a caminho e foram ao bispado; e depois de ouvirem a missa e estarem em oração até Terça, o padre, a pedido de São Francisco, tomou o missal e, feito o sinal da santa cruz, o abriu por três vezes em nome de Nosso Senhor Jesus Cristo; e na primeira vez apareceu aquela palavra que disse Cristo no Evangelho ao jovem que lhe perguntou pelo caminho da perfeição: "Se queres ser perfeito, vai, vende o que tens e dá aos pobres e segue-me"; na segunda, apareceu aquela palavra que Cristo disse aos apóstolos, quando os mandou pregar: "Nada leveis para a jornada, nem bordão, nem alforje, nem sandálias, nem dinheiro"; querendo com isto ensinar-lhes que deviam pôr em Deus toda a esperança na vida, e dar toda a atenção à pregação do Santo Evangelho; na terceira abertura do missal apareceu aquela palavra que Cristo disse: "Quem quiser vir após mim, abandone a si mesmo, tome a sua cruz e siga-me". Então disse São Francisco a Monsior Bernardo: "Eis o conselho que Cristo nos dá. Vai, pois, e faze exatamente como ouviste, e seja bendito Nosso Senhor Jesus Cristo, o qual se dignou mostrar-nos seu caminho evangélico". Ouvindo isto, partiu Monsior Bernardo e vendeu o que possuía, porque era muito rico; e com grande alegria distribuiu tudo aos pobres e às viúvas e aos órfãos, aos prisioneiros, aos mosteiros, aos hospitais e aos peregrinos; e em cada coisa São Francisco fiel e prudentemente o ajudava. Ora, vendo um por nome Monsior Silvestre, que São Francisco dava e mandava dar tanto dinheiro aos pobres, cheio de avareza disse a São Francisco: "Não me pagaste por inteiro aquelas pedras que me compraste para consertar a igreja e agora, que tens dinheiro, paga-me". Então São Francisco, maravilhando-se de tanta avareza e não querendo questionar com ele, como verdadeiro seguidor do Evangelho, meteu as mãos na sacola de Monsior Bernardo e, enchendo-as de moedas, derramou-as na sacola de Monsior Silvestre, dizendo que, se mais quisesse, mais lhe daria. Satisfeito Monsior Silvestre com aquilo, partiu e voltou a casa; e de tarde, repensando no que fizera durante o dia, e arrependendo-se de sua avareza, e considerando o fervor de Monsior Bernardo e a santidade de São Francisco, na noite seguinte e em duas noites outras teve de Deus esta visão: que da boca de São Francisco

saía uma cruz de ouro, cujo cimo tocava o céu e os braços se estendiam do Oriente ao Ocidente. Por causa desta visão ele deu por amor de Deus o que possuía e fez-se frade menor, e viveu na Ordem com tanta santidade e graça, que falava com Deus, como um amigo faz com outro, conforme São Francisco muitas vezes verificou e além se declarará. Monsior Bernardo, semelhantemente, recebeu tantas graças de Deus que, com frequência, ficava arroubado em Deus, em contemplação. E São Francisco dele dizia que era digno de toda a reverência e que havia sido ele o fundador daquela Ordem porque fora o primeiro a abandonar o mundo, nada reservando para si, mas dando tudo aos pobres de Cristo, e tinha começado a pobreza evangélica, oferecendo-se nu aos braços do Crucificado, o qual seja por nós bendito *in secula seculorum*. Amém.

Capítulo 3 – Como São Francisco, por um mau pensamento que teve contra Frei Bernardo, ordenou ao dito Frei Bernardo que por três vezes lhe pisasse a garganta e a boca

O devotíssimo servo do Crucificado, monsior São Francisco, por causa da aspereza da penitência e contínuo chorar, ficara quase cego e quase não via o lume. Uma vez, entre outras, partiu do convento onde estava e foi ao convento onde vivia Frei Bernardo, para com ele falar das coisas divinas; e, chegando ao convento, soube que ele estava na floresta em oração, todo enlevado e absorvido em Deus. Então São Francisco foi à floresta e o chamou: "Vem, disse, e fala a este cego"; e Frei Bernardo não lhe respondeu nada, porque, sendo homem de grande contemplação, tinha a mente suspensa e enlevada em Deus, e porque tinha a graça singular de falar de Deus, como São Francisco tinha por vezes experimentado; e, portanto, desejava falar com ele. Depois de algum tempo, chamou-o do mesmo modo, segunda e terceira vez; e de nenhuma vez Frei Bernardo o ouviu, por isso não lhe respondeu e não se foi a ele. Pelo que São Francisco se partiu um pouco desconsolado; maravilhando-se e lastimando-se só consigo de que Frei Bernardo, chamado por três vezes, não lhe fora ao encontro. Partindo-se com este pensamento, São Francisco, quando se afastou um pouco, disse ao seu companheiro: "Espera-me aqui". Distanciou-se para um lugar solitário e, pondo-se em oração, rogava a Deus que lhe revelasse por que Frei Bernardo não lhe havia respondido; e assim estando, veio uma voz de Deus que lhe disse assim: "Ó pobre homenzinho, por que estás perturbado? Deve o homem deixar Deus pela criatura? Frei Bernardo, quando o chamaste, estava junto de mim; e, portanto, não podia vir ao teu encontro, nem te responder; não te admires, pois, de que ele te não pudesse responder; porque estava tão fora de si que de tuas palavras nada escutou". Tendo tido São Francisco esta resposta de Deus, imediatamente com grande pressa voltou a Frei Bernardo, para acusar-se humildemente do pensamento que tivera contra ele. E Frei Bernardo, vendo-o vir para ele, foi-lhe ao encontro e se lançou aos seus pés. Então São Francisco o fez levantar-se e referiu-lhe com grande humildade o pensamento e a perturbação que tivera contra ele, e como Deus lhe havia respondido, assim concluindo: "Ordeno-te pela santa obediência que faças o que te mandar". Temendo Frei Bernardo que São Francisco lhe ordenasse alguma coisa excessiva, como soía fazer, quis honestamente esquivar-se desta obediência, e assim respondeu: "Estou pronto a obedecer-vos, se me prometerdes de fazer o que eu vos ordenar a vós". E prometendo São Francisco, Frei Bernardo disse: "Ora, dizei, pai, o que quereis que eu faça". Então, disse São Francisco: "Ordeno-te pela santa obediência que, para punir a minha presunção e a ousadia do meu coração, quando eu me deitar de costas me ponhas um pé na garganta e outro na boca e assim passes sobre mim três vezes, envergonhando-me e vituperando-me e especialmente dizendo-me: 'Jaz para aí, vilão filho de Pedro Bernardone: De onde te vem tanta soberba, vilíssima criatura que és?'" Ouvindo isto, e bem que lhe custasse muito a fazê-lo, no entanto por santa obediência, o mais cortesmente que pôde, realizou o que São Francisco lhe ordenara. Isto feito, disse São Francisco: "Ora, ordena-me o que queres que eu faça; porque te prometi obedecer". Disse Frei Bernardo: "Ordeno-te pela santa obediência que, todas as vezes que estivermos juntos, me reprendas e corrijas asperamente dos meus defeitos". Do que São Francisco muito se maravilhou; porque Frei Bernardo era de tanta santidade que ele lhe tinha grande reverência e não o reputava repreensível em coisa nenhuma; e por isso dali em diante São Francisco evitava de estar muito com ele, pela dita obediência, a fim de não dizer alguma palavra de correção contra ele, o qual reputava de tanta santidade; mas, quando sentia vontade de vê-lo ou de ouvi-lo falar de Deus, dele se separava o mais depressa possível e se partia; e era motivo de grande devoção ver-se com que caridade e reverência e humildade o santo Pai Francisco tratava e falava com Frei Bernardo, seu filho primogênito. Em louvor e glória de Jesus Cristo e do pobrezinho Francisco. Amém.

Capítulo 4 – Como o anjo fez uma pergunta a Frei Elias, guardião de um convento do Vale de Espoleto, e porque Frei Elias lhe respondeu com soberba, partiu e seguiu o caminho de Santiago, onde encontrou Frei Bernardo e lhe contou esta história

No princípio e fundação da Ordem, quando havia poucos irmãos e não havia conventos estabelecidos[3], São Francisco, por devoção, foi a Santiago de Galícia[4] e levou consigo alguns irmãos, entre os quais um foi Frei Bernardo; e seguindo

3 Preferimos aqui a palavra "conventos" e não "moradas", ou "abrigos", ou "alojamentos", como seria mais justo, porque "convento" implica vida comunitária. Estas "moradas" primitivas eram habitações muito precárias, cabanas de ramagens, grutas, em que os frades se reuniam comunitariamente para a oração e o repouso. As versões mais antigas também traduzem *prendere luoghi*, do italiano, ou *capere loca*, do latim dos *Actus*, por "estabelecer – ou fundar – conventos" justamente por essa razão.

4 Santiago de Compostela era um dos lugares privilegiados da piedade medieval, para onde afluíam multidões em peregrinação. Francisco aí esteve com a intenção de passar para

assim juntos pelo caminho, acharam numa terra um pobre enfermo, do qual, tendo compaixão, disse a Frei Bernardo: "Filho, quero que fiques aqui servindo a este enfermo"; e Frei Bernardo, ajoelhando-se humildemente e inclinando a cabeça, recebeu a obediência do santo pai e ficou naquele lugar; e São Francisco com os outros companheiros foi a Santiago. Ali ficando reunidos e estando de noite em oração na Igreja de Santiago, foi por Deus revelado a São Francisco que ele devia fundar muitos conventos pelo mundo; porque sua Ordem devia dilatar e crescer em grande multidão de frades; e por esta revelação começou São Francisco a estabelecer conventos naquela região. E, voltando São Francisco pelo mesmo caminho, encontrou Frei Bernardo mais o enfermo com o qual o havia deixado, e que estava inteiramente curado. E no ano seguinte permitiu a Frei Bernardo que fosse a Santiago; e assim São Francisco voltou ao Vale de Espoleto; e aí ficaram em lugar deserto ele e Frei Masseo e Frei Elias[5] e alguns outros, os

---

o Marrocos e evangelizar o "Miramolim" – sultão – e seus súditos muçulmanos.

5 Frei Elias aparece nos *Fioretti* como personagem nefasto na linha da polêmica que o condenou como corruptor da Ordem. O episódio que apresenta Frei Elias como vigário de São Francisco é posto depois da volta dele, com Francisco, da Síria e após a morte de Pedro Cattani, em 1221. A questão da "liberdade evangélica" sobre alimentos (cf. Lc 10,8) já estava

quais tinham muito cuidado em não aborrecer ou perturbar São Francisco em sua oração; e isto faziam pela grande reverência que tinham e porque sabiam que Deus lhe revelava grandes coisas na oração. Sucedeu um dia que, estando São Francisco em oração na floresta, um belo jovem, com trajo de peregrino, chegou à porta do convento e bateu com tanta pressa e tanta força por tanto tempo que os frades ficaram muito maravilhados daquele inusitado modo de bater. Frei Masseo foi à porta e abriu-a, e disse àquele jovem: "De onde vens tu, filho, que parece nunca teres vindo aqui, batendo de modo tão desusado?" Respondeu o jovem: "E como é que se deve bater?" Disse Frei Masseo: "Bate três vezes, uma após outra, devagar: depois, espera que o irmão tenha rezado um Pai-nosso e venha abrir, e se durante esse tempo ele não vier, bate outra vez". Respondeu o jovem: "Tenho grande pressa, e bati com tanta força, porque tenho de fazer uma longa viagem, e vim aqui falar com o irmão Francisco; mas por ele estar agora em contemplação na floresta, não quero incomodá-lo. Vai e manda-me Frei Elias, que lhe quero fazer uma pergunta, porque sei que ele é

---

em debate durante a ausência de Francisco; os seus vigários de então tinham estabelecido constituições ou normas restritivas sobre o jejum e abstinência.

muito sábio". Foi Frei Masseo e disse a Frei Elias que se dirigisse àquele jovem, e ele se escandalizou e não quis ir; assim Frei Masseo não soube o que fazer nem o que responder àquele jovem; que, se dissesse: "Frei Elias não pode vir", mentia; se dissesse que ele estava irritado e não queria vir, temia dar-lhe mau exemplo. E porque, no entanto, Frei Masseo demorasse em voltar, o jovem bateu outra vez como a princípio; e pouco depois Frei Masseo retornou à porta e disse ao jovem: "Não observaste o que te ensinei ao bateres". Respondeu o jovem: "Frei Elias não quis vir a mim. Vai e dize a Frei Francisco que vim para falar com ele; mas, por não querer perturbar-lhe a oração, dize-lhe que mande Frei Elias entender-se comigo". Então Frei Masseo foi ter com São Francisco, que orava na floresta com a face erguida para o céu, e lhe deu conta da embaixada do jovem e a resposta de Frei Elias; e este jovem era um anjo de Deus, em forma humana. Então São Francisco, sem mudar de lugar nem baixar o rosto, disse a Frei Masseo: "Vai e dize a Frei Elias que por obediência atenda imediatamente ao jovem". Ouvindo Frei Elias a ordem de São Francisco, foi à porta muito perturbado e com grande ímpeto e ruído a abriu e disse ao jovem: "Que queres?" Respondeu o jovem: "Cuidado, irmão, não te irrites, como pareces estar, porque a ira tolhe o espírito e não te deixa discernir o verdadeiro". Disse Frei Elias: "Dize o que queres de mim". Respondeu o jovem: "Eu te pergunto se àqueles que observam o Santo Evangelho é lícito comer o que se põe diante deles, conforme o que disse Cristo aos seus discípulos; e te pergunto ainda se é lícito a algum homem obrigar a qualquer coisa contrária à liberdade evangélica". Respondeu com soberba Frei Elias: "Sei bem disto, mas não te quero responder; cuida de teus negócios". Disse o jovem: "Saberei melhor do que tu responder a esta pergunta". Então Frei Elias, furioso, fechou a porta e retirou-se. Depois começou a pensar nesta pergunta, a duvidar de si mesmo e não a sabia responder, porque era vigário da Ordem e tinha ordenado e feito uma constituição, contra o Evangelho e contra a ordem de São Francisco, de que nenhum frade da Ordem comesse carne; por isso a dita pergunta era expressamente contra ele. Pois, não sabendo explicar por si mesmo e considerando a modéstia do jovem e porque este dissera saber responder à pergunta melhor do que ele, volta à porta e abre-a para pedir ao jovem resposta à pergunta; mas se tinha ido, porque a soberba de Frei Elias não era digna de falar com o anjo. Isto feito, São Francisco, a quem tudo era por Deus revelado, retornou da floresta e com veemência, em alta voz, repreendeu Frei Elias, dizendo: "Mal fizeste, Frei Elias soberbo, que expulsaste de nós os santos anjos que nos vêm ensinar. Digo-te temer muito que a tua soberba te faça acabar fora da Ordem". E isto sucedeu como São Francisco predissera; porque morreu fora da Ordem. No mesmo dia e à mesma hora em que o anjo partiu, apareceu na mesma forma a Frei Bernardo, o qual voltava de Santiago e estava à beira de um grande rio, e saudou-o em sua língua, dizendo: "Deus te dê a paz, ó bom irmão". E maravilhando-se muito Frei Bernardo, e considerando a beleza do jovem e a saudação feita em sua própria língua, com cumprimento pacífico e semblante alegre perguntou-lhe: "Donde vens tu, bom moço?" Respondeu o anjo: "Venho do convento onde vive São Francisco e fui ali falar com ele; e não pude, porque estava na floresta contemplando as coisas divinas e não quis incomodá-lo. E naquele convento residem Frei Masseo, Frei Egídio e Frei Elias; e Frei Masseo me ensinou a bater na porta como fazem os irmãos, mas Frei Elias, por não ter querido responder à questão que lhe propus, arrependeu-se depois e quis ouvir-me e falar-me e não pôde". Após estas palavras, disse o anjo a Frei Bernardo: "Por que não passas à outra margem?" Respondeu Frei Bernardo: "Porque temo o perigo pela profundidade da água que vejo". Disse o anjo: "Passemos juntos, não tenhas medo". Tomou-lhe a mão e, num abrir e fechar de olhos, pô-lo na outra riba do rio. Agora Frei Bernardo conheceu que ele era anjo de Deus, e, com grande reverência e gáudio, disse em voz alta: "Ó anjo bendito de Deus, dize-me como te chamas". Respondeu o anjo: "Por que perguntas meu nome, o qual é maravilhoso?" E dizendo assim o anjo desapareceu e deixou Frei Bernardo muito consolado, de tal modo que toda aquela viagem fez com alegria, e tomou nota do dia e da hora em que o anjo lhe aparecera. E, chegando ao convento onde estava São Francisco com os sobreditos companheiros, narra-lhes em ordem todas estas coisas, e conheceram com certeza que aquele mesmo anjo tinha aparecido no mesmo dia e na mesma hora a eles, e a ele e deram graças a Deus. Amém.

Capítulo 5 – Como o santo Frei Bernardo de Assis foi enviado por São Francisco a Bolonha e ali fundou um convento

Porque São Francisco e seus companheiros foram por Deus chamados e escolhidos para levar com o coração e as obras, e a pregar com a língua, a cruz de Cristo, pareciam e eram homens crucificados, quanto às ações e à vida austera; e, portanto, desejavam mais suportar vergonha e opróbrios pelo amor de Cristo do que ser honrados pelo mundo com reverências ou vãos louvores; rejubilavam-se com as injúrias e contristavam--se com as honras; e assim andavam pelo mundo como estrangeiros e forasteiros, nada mais levando consigo do que o Cristo crucificado. E como eram verdadeiros ramos da verdadeira vide, isto é, Cristo, produziam grandes e bons frutos nas almas, as quais ganhavam para Deus. Sucedeu, no princípio da Ordem, São Francisco mandar Frei Bernardo a Bolonha para que aí, conforme a graça que Deus lhe havia concedido, obtivesse fruto para Deus. E Frei Bernardo, fazendo o sinal da cruz, por santa obediência se foi e chegou a Bolonha. E vendo-o as crianças, com hábito desusado e vil, zombavam dele e o injuriavam, como se faz com um louco. E Frei Bernardo, paciente e alegre, tudo suportava pelo amor de Cristo; até para que o pudessem maltratar melhor, pôs-se muito de propósito na praça da cidade; onde, se assentando, em torno dele se reuniram muitos meninos e homens; um lhe puxava o capuz por detrás, outro por diante, outro lhe atirava pó e pedra, outro o empurrava para cá e para lá; e Frei Bernardo

sempre o mesmo, com a mesma paciência, com o semblante alegre, não se lastimava nem se aborrecia; e por muitos dias voltou ao mesmo ponto para suportar semelhantes coisas. E por ser a paciência obra de perfeição e prova de virtude, um sábio doutor em leis, vendo e considerando tanta constância e virtude de Frei Bernardo em não se perturbar por tantos dias por nenhuma moléstia ou injúria, disse de si consigo: "Impossível é não ser este um santo homem". E, acercando-se dele, perguntou-lhe: "Quem és? E por que vieste aqui?" E Frei Bernardo, como resposta, levou a mão ao peito e tirou a Regra de São Francisco e deu-lha para que a lesse; e tendo-a lido, considerando-lhe o elevado estado de perfeição, com grandíssimo pasmo e admiração, voltou-se para os companheiros e disse: "Verdadeiramente é este o mais alto estado de religião de que ouvi falar; e, portanto, este e os seus companheiros são dos mais santos homens do mundo, e comete grandíssimo pecado quem o injuria; o qual devia ser altamente honrado, porque é verdadeiramente amigo de Deus". E disse a Frei Bernardo: "Se quiserdes ficar em um lugar em que podeis convenientemente servir a Deus, vo-lo darei de boa vontade, para a salvação de minha alma". Respondeu Frei Bernardo: "Senhor, creio que isto vos foi inspirado por Nosso Senhor Jesus Cristo, e, portanto, de boa vontade aceito vosso oferecimento para a honra de Cristo".

Então o dito juiz, com grande alegria e caridade, levou Frei Bernardo à sua casa; e depois lhe deu o lugar prometido, e à sua custa preparou e arranjou tudo, e daí em diante se fez como pai e defensor de Frei Bernardo e de seus companheiros. E Frei Bernardo, por sua santa conversação, começou a ser muito honrado por aquela gente, de modo que bem-aventurado se considerava quem nele podia tocar ou vê-lo. Ele, porém, como verdadeiro discípulo de Cristo e do humilde São Francisco, temendo que a honra do mundo impedisse a paz e a salvação de sua alma, partiu dali e retornou a São Francisco, e disse-lhe assim: "Pai, o convento está fundado na cidade de Bolonha; enviai irmãos que o mantenham e o habitem, porque nada de bom posso fazer, pois, devido às muitas honras que me prestam, temo perder mais do que ganhar".

Então São Francisco, ouvindo todas estas coisas que Deus tinha realizado por Frei Bernardo, deu graças a Deus, que assim começava a aumentar os pobrezinhos discípulos da cruz; e logo mandou companheiros a Bolonha e à Lombardia, os quais

instituíram muitos conventos em diversos lugares.
Em louvor e reverência do bom Jesus.

Capítulo 6 – Como São Francisco abençoou o santo Frei Bernardo e o deixou como seu vigário, quando passou desta para a outra vida

Era Frei Bernardo de tanta santidade, que São Francisco tinha por ele grande reverência e frequentemente o louvava. Estando um dia São Francisco devotamente em oração, foi-lhe revelado por Deus que Frei Bernardo, por permissão divina, devia sustentar muitas e pungentes batalhas com o demônio. Pelo que São Francisco, tendo grande compaixão do dito Frei Bernardo, a quem amava como a filho, muitos dias orou com lágrimas, rogando a Deus por ele e recomendando-o a Jesus Cristo, que lhe desse vitória sobre o demônio. E orando assim devotamente São Francisco, Deus lhe respondeu: "Não temas, porque todas as tentações, com as quais Frei Bernardo deve ser combatido, são por Deus permitidas como exercício de virtude e coroa de mérito; e finalmente de todos os inimigos alcançará vitória, porque ele é um dos comensais do Reino de Deus". Da qual resposta São Francisco recebeu grandíssima alegria e rendeu graças a Deus, e daquela hora em diante lhe dedicou sempre mais amor e reverência. E bem lho demonstrou não só em vida, mas até na morte. Porque, vindo São Francisco a morrer como o santo patriarca Jacó, estando em torno dele seus dedicados filhos doridos e lacrimosos pela partida de tão amado pai, perguntou: "Onde está o meu primogênito? Vem a mim, filho, para que a minha alma te bendiga, antes de minha morte". Então Frei Bernardo disse em segredo a Frei Elias, que era vigário da Ordem: "Pai, coloca-te à mão direita do santo, para que ele te abençoe". E, colocando-se Frei Elias à mão direita, São Francisco, que perdera a vista pelo muito chorar, pôs a mão direita sobre a cabeça de Frei Elias e disse: "Esta não é a cabeça do meu primogênito Frei Bernardo". Então Frei Bernardo adiantou-se à esquerda; e São Francisco, estendendo os braços em forma de cruz, colocou a mão direita na cabeça de Frei Bernardo e a esquerda na de Frei Elias, e disse a Frei Bernardo: "Abençoe-te o Pai de Nosso Senhor Jesus Cristo com todas as bênçãos espirituais e celestiais em Cristo, pelo fato de teres sido o primeiro escolhido nesta Ordem para dar o exemplo evangélico e seguir a Cristo na pobreza evangélica; porque deste o que possuías e o distribuíste inteira e livremente com os pobres pelo amor de Cristo, mas ainda te ofereceste a ti mesmo nesta Ordem em sacrifício de suavidade. Bendito sejas, pois, por Nosso Senhor Jesus Cristo e por mim, seu pobrezinho servo, com bênçãos eternas, quer caminhando, repousando, velando e dormindo, vivendo e morrendo. Quem te bendisser fique cheio de bênçãos e quem te maldisser não fique sem punição. Sê o principal entre os teus irmãos, obedeçam todos os irmãos ao que ordenares; terás licença para receber e expulsar a quem quiseres e nenhum irmão terá poder sobre ti, e será permitido a ti ir e habitar onde te aprouver". Depois da morte de São Francisco os irmãos amaram e reverenciaram a Frei Bernardo como a pai venerável; e estando a morrer, vieram a ele muitos irmãos das diversas partes do mundo, entre os quais veio o hierárquico e divino Frei Egídio, o qual com grande alegria disse: "*Sursum corda*, Frei Bernardo, *sursum corda*"; e Frei Bernardo disse em segredo a um irmão que preparasse para Frei Egídio um lugar apto à contemplação, e assim foi feito. Chegando Frei Bernardo à hora da morte, mandou que o erguessem e falou aos irmãos que estavam diante dele, dizendo: "Caríssimos irmãos, não vos quero dizer muitas palavras; mas deveis considerar que no estado de religião em que vivi vós viveis, e no em que estou agora vós ainda estais, e acho isto em minha alma, que por mil mundos iguais a este não teria querido servir a outro senhor senão a Jesus Cristo; e de todos os pecados que cometi me acuso e apresento a minha culpa ao meu Salvador Jesus e a vós. Rogo-vos, irmãos meus, que vos ameis uns aos outros". E após estas palavras e outros bons ensinamentos, deitando-se na cama, sua face encheu-se de esplendor e alegria desmedidos, de que os irmãos muito se maravilharam; e naquela letícia sua alma santíssima, cercada de glória, passou da presente à bem-aventurada vida dos anjos. Pelo louvor e pela glória de Cristo. Amém.

Capítulo 7 – Como São Francisco fez uma Quaresma em uma ilha do lago de Perusa, onde jejuou quarenta dias e quarenta noites e nada comeu além de meio-pão

Por ter sido o verídico servo de Cristo, monsior São Francisco, em certas coisas, quase um outro Cristo dado ao mundo para a salvação dos homens, Deus Pai o quis fazer em muitas ações conforme e semelhante a seu filho Jesus Cristo; como no-lo demonstrou no venerável colégio dos doze companheiros, e no admirável mistério

dos sagrados estigmas e no prolongado jejum da santa Quaresma, que fez deste modo. Indo por uma feita São Francisco, em dia de carnaval, ao Lago de Perusa, à casa de um seu devoto, onde passou a noite, foi inspirado por Deus para observar aquela Quaresma em uma ilha do dito lago. Pelo que São Francisco pediu àquele devoto, pelo amor de Cristo, o levasse em sua barquinha a uma ilha do lago, onde não habitasse ninguém, e isto fizesse na noite de Quarta-feira de Cinzas sem que nenhuma pessoa o percebesse; e ele, pelo amor da grande devoção que tinha a São Francisco, solicitamente atendeu-lhe ao pedido e o transportou à dita ilha, e São Francisco só levou consigo dois pãezinhos. E, chegando à ilha e o amigo partindo para voltar a casa, São Francisco lhe rogou por favor que não revelasse a quem quer que fosse a sua permanência na ilha e só o fosse procurar na Quinta-feira Santa; e assim o outro se foi. E São Francisco ficou sozinho; e ali não havendo habitação em que ficasse, entrou num bosque muito copado, no qual muitos espinheiros e arbustos se reuniam a modo de uma cabana ou de uma cova, e naquele lugar se pôs em oração e a contemplar as coisas celestiais. E ali passou toda a Quaresma sem comer nem beber, além da metade de um daqueles pãezinhos, conforme o que encontrou o seu devoto na Quinta-feira Santa, quando foi procurá-lo; achou dois pãezinhos, um inteiro e outro pela metade. E a outra metade acredita-se São Francisco ter comido em reverência ao jejum do Cristo bendito, que jejuou quarenta dias e quarenta noites sem tomar nenhum alimento material. E assim, com aquele meio-pão, expulsou de si o demônio da vanglória, e, a exemplo de Cristo, jejuou quarenta dias e quarenta noites. E depois, naquele lugar, onde São Francisco fizera tão maravilhosa abstinência, realizou Deus muitos milagres pelos méritos dele; pela qual coisa começaram os homens a edificar casas e habitá-las; e em pouco tempo construiu-se um bom e grande castelo e houve um convento de frades, o qual se chama o convento da ilha; e ainda os homens e mulheres daquela aldeia têm grande reverência por aquele lugar, onde São Francisco passou a dita Quaresma. Em louvor de Cristo. Amém.

Capítulo 8 – Como a caminhar expôs São Francisco a Frei Leão as coisas que constituem a perfeita alegria

Vindo uma vez São Francisco de Perusa para Santa Maria dos Anjos com Frei Leão em tempo de inverno, e como o grandíssimo frio fortemente o atormentasse, chamou Frei Leão, o qual ia mais à frente, e disse assim: "Irmão Leão, ainda que o frade menor desse na terra inteira grande exemplo de santidade e de boa edificação, escreve, todavia, e nota diligentemente que nisso não está a perfeita alegria". E andando um pouco mais, chama pela segunda vez: "Ó irmão Leão, ainda que o frade menor desse vista aos cegos, curasse os paralíticos, expulsasse os demônios, fizesse surdos ouvirem e andarem coxos, falarem mudos e, mais ainda, ressuscitasse mortos de quatro dias, escreve que nisso não está a perfeita alegria". E andando um pouco, São Francisco gritou com força: "Ó irmão Leão, se o frade menor soubesse todas as línguas e todas as ciências e todas as escrituras e se soubesse profetizar e revelar não só as coisas futuras, mas até mesmo os segredos das consciências e dos espíritos, escreve que não está nisso a perfeita alegria". Andando um pouco além, São Francisco chama ainda com força: "Ó irmão Leão, ovelhinha de Deus, ainda que o frade menor falasse com língua de anjo e soubesse o curso das estrelas e as virtudes das ervas; e lhe fossem revelados todos os tesouros da terra e conhecesse as virtudes dos pássaros e dos peixes e de todos os animais e dos homens e das árvores e das pedras e das raízes e das águas, escreve que não está nisso a perfeita alegria". E caminhando um pouco, São Francisco chamou em alta voz: "Ó irmão Leão, ainda que o frade menor soubesse pregar tão bem que convertesse todos os infiéis à fé cristã, escreve que nao está nisso a perfeita alegria". E durando este modo de falar pelo espaço de duas milhas, Frei Leão, com grande admiração, perguntou-lhe e disse: "Pai, peço-te, da parte de Deus, que me digas onde está a perfeita alegria". E São Francisco assim lhe respondeu: "Quando chegarmos a Santa Maria dos Anjos, inteiramente molhados pela chuva e transidos de frio, cheios de lama e aflitos de fome, e batermos à porta do convento, e o porteiro chegar irritado e disser: 'Quem são vocês?'; e nós dissermos: 'Somos dois dos vossos irmãos', e ele disser: 'Não dizem a verdade; são dois vagabundos que andam enganando o mundo e roubando as esmolas dos pobres; fora daqui'; e não nos abrir e deixar-nos estar ao tempo, à neve e à chuva com frio e fome até à noite; então, se suportarmos tal injúria e tal crueldade, tantos maus-tratos, prazenteiramente, sem nos perturbarmos e sem murmurarmos contra ele e pensarmos humilde e caritativamente que o porteiro verdadeiramente nos tinha reconhecido e que Deus o fez falar contra nós, ó irmão Leão, escreve que nisso está a perfeita alegria. E se perseverarmos a bater, e ele sair furioso e como a importunos malandros nos expulsar com vilanias e bofetadas, dizendo: 'Fora daqui, ladrõezinhos vis, vão para o hospital, porque aqui ninguém lhes dará comida nem cama'; se suportarmos isso pacientemente e com alegria e de bom coração, ó irmão Leão, escreve que nisso está a perfeita alegria. E se ainda, constrangidos pela fome e pelo frio e pela noite, batermos mais e chamarmos e pedirmos pelo amor de Deus com muitas lágrimas que nos abra a porta e nos deixe entrar, e se ele mais escandalizado disser: 'Vagabundos importunos, eu lhes pagarei como merecem', e sair com um bastão nodoso e nos agarrar pelo capuz e nos atirar ao chão e nos arrastar pela neve e nos bater com o pau de nó em nó; se nós suportarmos todas estas coisas pacientemente e com alegria, pensando nos sofrimentos de Cristo bendito, as quais devemos suportar por seu amor; ó irmão Leão, escreve que aí e nisso está a perfeita alegria, e ouve, pois, a conclusão, irmão Leão. Acima de todas as graças e de todos os dons do Espírito Santo, os quais Cristo concede aos amigos, está o de vencer-se a si mesmo, e voluntariamente pelo amor suportar trabalhos, injúrias, opróbrios e desprezos, porque de todos os outros dons de Deus não nos podemos gloriar por não serem nossos, mas de Deus, do que diz o Apóstolo: 'Que tens tu que o não hajas recebido de Deus? E se dele o recebeste, por que te gloriares como se o tivesses de ti?' Mas na cruz da tribulação de cada aflição nós nos podemos gloriar, porque isso é nosso e assim diz o Apóstolo: 'Não me quero gloriar, senão na cruz de Nosso Senhor Jesus Cristo'". Ao qual sejam dadas honra e glória *in secula seculorum*. Amém.

Capítulo 9 – Como São Francisco ensinava Frei Leão a responder, e este só pôde dizer o contrário do que São Francisco queria

Estando uma vez São Francisco, no princípio da Ordem, com Frei Leão em um convento, onde não havia livro para rezar o ofício divino, ao chegar a hora de Matinas, disse São Francisco a Frei Leão: "Caríssimo, não temos breviário, com que possamos rezar Matinas; mas, a fim de passarmos o tempo louvando a Deus, eu direi, e tu me responderás como te ensinar; e toma cuidado, não digas as palavras de modo diverso do que te ensinar. Direi assim: 'Ó irmão Francisco, praticaste tanto mal, tais pecados no século que és digno do inferno'; e tu, irmão Leão, responderás: 'Verdadeira coisa é que mereces o inferno profundíssimo'". E Frei Leão, com simplicidade columbina, respondeu: "Estou pronto, pai, começa em nome de Deus". Então São Francisco começou a dizer: "Ó irmão Francisco, praticaste tantos males e tantos pecados no século, que és digno do inferno". E Frei Leão respondeu: "Deus fará por ti tantos bens, que irás ao paraíso". Disse São Francisco: "Não digas assim, irmão Leão; mas quando eu disser: 'Irmão Francisco, praticaste tanta coisa iníqua que és digno de ser maldito por Deus', responderás: 'Em verdade és digno de ficar mesmo entre os malditos'". E Frei Leão respondeu: "De boa mente, pai". Então São Francisco, entre muitas lágrimas e suspiros e a bater no peito, disse em altas vozes: "Ó meu Senhor do céu e da terra, cometi contra ti tantas iniquidades e tantos pecados que por isso sou digno de ser amaldiçoado por ti". E Frei Leão respondeu: "Ó irmão Francisco, Deus te fará tal, que entre os benditos serás singularmente bendito".

E São Francisco, maravilhando-se de Frei Leão responder sempre o contrário do que ele havia ordenado, repreendeu-o, dizendo: "Por que não respondes como te ensino? Ordeno-te, pela santa obediência, que respondas como te ensinar. Direi assim: "Ó irmão Francisco miserável, pensas tu que Deus há de ter misericórdia de ti; não é tão certo que tens cometido tantos pecados contra o Pai da misericórdia e o Deus de toda consolação, de modo que não és digno de encontrar misericórdia?' E tu, irmão Leão, ovelhinha, responderás: 'De nenhum modo és digno de alcançar misericórdia'". Mas depois, quando São Francisco disse: "Ó irmão Francisco miserável" etc., então Frei Leão respondeu: "Deus Pai, cuja misericórdia é infinita mais do que o teu pecado, fará em ti grande misericórdia e te encherá de muitas graças". A esta resposta São Francisco, docemente irritado e pacientemente perturbado, disse a Frei Leão: "Por que tiveste a presunção de ir contra a obediência e por tantas vezes respondeste o contrário do que te impus?" Respondeu Frei Leão muito humilde e reverentemente: "Deus o sabe, pai meu, que cada vez tive vontade de responder como me ordenaste; mas Deus me fez falar como quis e não como eu queria". Do que São

Francisco se maravilhou e disse a Frei Leão: "Peço-te afetuosamente que desta vez me respondas como te disser". Respondeu Frei Leão: "Dize em nome de Deus, que por certo responderei desta vez como queres". E São Francisco, entre lágrimas, disse: "Ó irmão Francisco miserável, pensas que Deus terá misericórdia de ti?" Responde Frei Leão: "Antes grandes graças receberás de Deus e serás exaltado e glorificado na eternidade, porque quem se humilha será exaltado; e eu não posso dizer de outro modo, porque Deus fala pela minha boca". E assim, nesta humilde contenda, com muitas lágrimas e muita consolação espiritual velaram até ao amanhecer.

Em louvor de Cristo. Amém.

Capítulo 10 – Como Frei Masseo, quase gracejando, disse a São Francisco que todo o mundo andava atrás dele, e ele respondeu que era para confusão do mundo e graça de Deus

Estava uma vez São Francisco no Convento da Porciúncula com Frei Masseo de Marignano, homem de grande santidade, discrição e graça em falar de Deus; pela qual coisa São Francisco o amava muito; um dia, voltando São Francisco de orar no bosque, e ao sair do bosque, o dito Frei Masseo quis experimentar-lhe a humildade; foi-lhe ao encontro e, a modo de gracejo, disse: "Por que a ti? Por que a ti? Por que a ti?" São Francisco respondeu: "Que queres dizer?" Disse Frei Masseo: "Por que todo o mundo anda atrás de ti e toda a gente parece que deseja ver-te e ouvir-te e obedecer-te? Não és homem belo de corpo, não és de grande ciência, não és nobre: Donde vem, pois, que todo o mundo anda atrás de ti?" Ouvindo isto, São Francisco, todo jubiloso em espírito, levantando a face para o céu por grande espaço de tempo, esteve com a mente enlevada em Deus; e depois, voltando a si, ajoelhou-se e louvou e deu graças a Deus; e depois, com grande fervor de espírito, voltou-se para Frei Masseo e disse: "Queres saber por que a mim? Queres saber por que a mim? Queres saber por que todo o mundo anda atrás de mim? Isto recebi dos olhos de Deus altíssimo, os quais em cada lugar contemplam os bons e os maus; porque aqueles olhos santíssimos não encontraram entre os pecadores nenhum mais vil nem mais insuficiente nem maior pecador do que eu; e assim, para realizar esta operação maravilhosa, a qual entendeu de fazer, não achou outra criatura mais vil sobre a terra; e por isso me escolheu para confundir a nobreza e a grandeza e a força e a beleza e a sabedoria do mundo;

para que se reconheça que toda a virtude e todo o bem é dele e não da criatura, e para que ninguém se possa gloriar na presença dele; mas quem se gloriar se glorie no Senhor, a quem pertence toda a honra e glória na eternidade". Então Frei Masseo, ouvindo tão humilde resposta, dada com tanto fervor, se espantou e conheceu certamente que São Francisco estava fundado na verdadeira humildade. Em louvor de Cristo. Amém.

Capítulo 11 – Como São Francisco fez andar à roda muitas vezes a Frei Masseo e depois tomou o caminho de Siena

Indo um dia São Francisco com Frei Masseo por um caminho, o dito Frei Masseo seguia um pouco na frente; e chegando a uma encruzilhada, por cujos caminhos se podia ir a Florença, a Siena e a Arezzo, disse Frei Masseo: "Pai, que caminho devemos tomar?" Respondeu São Francisco: "Aquele que Deus quiser". Disse Frei Masseo: "E como poderemos conhecer a vontade de Deus?" Respondeu São Francisco: "Pelo sinal que te vou mostrar; assim ordeno a ti, pelo merecimento da santa obediência, que nesta encruzilhada, no ponto onde tens o pé, rodes em torno de ti, como fazem as crianças, e não pares de girar sem to dizer". Então Frei Masseo começou a girar em roda, e tanto rodou que, pela vertigem da cabeça a qual se gera por tais voltas, caiu muitas vezes no chão. Mas, não dizendo São Francisco que parasse e ele querendo fielmente obedecer, recomeçava. Por fim, quando girava fortemente, disse São Francisco: "Para aí e não te movas". E ele estacou e São Francisco lhe perguntou: "Voltado para onde tens o rosto?" Respondeu Frei Masseo: "Para Siena". Disse São Francisco: "Este é o caminho que Deus quer que sigamos". Andando por aquele caminho, Frei Masseo se maravilhava muito com o que São Francisco lhe mandou fazer, como a uma criança, diante dos seculares que passavam; no entanto, pela reverência que tinha, nada ousava dizer ao santo pai. Ao se aproximarem de Siena, os habitantes da cidade souberam da chegada do santo e vieram-lhe ao encontro; e por devoção o levaram, mais o companheiro, ao bispado, de modo que eles não tocaram o solo com os pés. Naquela hora alguns homens de Siena combatiam entre si, e dois já haviam morrido. Chegando-se a eles, São Francisco pregou-lhes tão devotamente e tão santamente que os reduziu a todos à paz e grande união, juntando-os em concórdia. Pelo que, ouvindo o bispo de Siena falar desta santa obra que São Francisco fizera, convidou-o para sua casa e recebeu-o com grandíssima honra naquele dia e também à noite. E na manhã seguinte São Francisco, verdadeiro humilde, que em suas santas obras só procurava a glória de Deus, levantou-se bem cedo com o seu companheiro e partiu sem o bispo saber. Pelo que o dito Frei Masseo ia murmurando consigo mesmo, dizendo pelo caminho: "Que coisa fez este santo homem? Fez-me rodar como uma criança e ao bispo, que o honrou tanto, não disse nem ao menos uma palavra, nem agradeceu". E parecia a Frei Masseo que São Francisco se portara com indiscrição. Mas depois, por inspiração divina voltando a si e repreendendo-se, dizia em seu coração: "Frei Masseo, és muito soberbo, julgando as obras divinas, e és digno do inferno por tua indiscreta soberba; porque no dia de ontem o irmão Francisco fez obras tão santas que, se as fizesse o anjo de Deus, não seriam mais maravilhosas. Assim, se ele te houvesse mandado atirar pedras, deverias obedecer; porque o que ele fez no caminho foi por ordem de Deus, como o demonstrou o bom resultado que se seguiu; pois, se ele não houvesse pacificado os que se combatiam, não somente muitos corpos, como já haviam começado, estariam mortos a faca, mas muitas almas o diabo teria carregado para o inferno; por esse motivo tu és estultíssimo e soberbo, murmurando contra o que manifestamente procedeu da vontade de Deus". E todas estas coisas que dizia Frei Masseo em seu coração, andando na frente, foram por Deus reveladas a São Francisco. Donde, aproximando-se dele, São Francisco disse assim: "Atenta nas coisas em que pensas agora, porque são boas e úteis e inspiradas por Deus; mas a tua primeira murmuração era cega e vã e soberba e posta em tua alma pelo demônio". Então Frei Masseo percebeu claramente que São Francisco sabia dos segredos do seu coração e certamente compreendeu que o espírito da divina sabedoria dirigia todos os atos do santo pai. Em louvor de Cristo. Amém.

Capítulo 12 – Como São Francisco pôs Frei Masseo no ofício de porteiro, de esmoleiro e de cozinheiro; depois, a pedido dos outros irmãos, o dispensou

São Francisco, querendo humilhar Frei Masseo, a fim de que, pelos muitos dons e graças que Deus lhe dava, não chegasse à vanglória, mas pela virtude da humildade crescesse de virtude em virtude, numa ocasião em que ele vivia em um convento solitário com aqueles seus primeiros companheiros verdadeiramente santos, dos quais um era Frei Masseo, disse um dia a Frei Masseo diante de todos os companheiros: "Ó Frei Masseo, todos estes teus companheiros têm a graça da contemplação e da oração; mas tu possuis a graça da pregação da Palavra de Deus, para satisfazer o povo; e, portanto, quero, a fim de que os outros se possam entregar à contemplação, que faças ofício de porteiro, de esmoleiro e de cozinheiro; e quando os outros irmãos comerem, comerás fora da porta do convento, de sorte que os que chegarem ao convento, antes de baterem, os satisfaças com algumas boas palavras de Deus; de sorte que não haja necessidade de outra pessoa ir à porta a não ser tu; e isto o faças pelo merecimento da santa obediência". Então Frei Masseo tirou o capuz e inclinou a cabeça, e humildemente recebeu e executou esta obediência durante alguns dias, desempenhando os ditos ofícios. Pelo que os companheiros, como homens iluminados por Deus, começaram a sentir no coração grande remorso, ao considerarem que Frei Masseo era homem de grande perfeição como eles ou mais, e sobre ele estava posto todo o peso do convento e não sobre eles. Por este motivo encheram-se todos de igual coragem e foram pedir ao pai santo que consentisse em distribuir com eles aqueles ofícios, pois as suas consciências por coisa nenhuma podiam sofrer que Frei Masseo suportasse tantas fadigas. Ouvindo isto, São Francisco cedeu ao pedido deles e consentiu em seus desejos e, chamando Frei Masseo, disse-lhe: "Frei Masseo, os teus companheiros querem compartir dos ofícios que te dei; e, portanto, quero que os ditos ofícios sejam divididos". Disse Frei Masseo com grande humildade e paciência: "Pai, o que me impões, em tudo ou em parte, considero feito por Deus". Então São Francisco, vendo a caridade dos outros e a humildade de Frei Masseo, fez-lhes uma prática maravilhosa sobre a santa humildade, ensinando-lhes que, quanto maiores forem os dons e graças que Deus nos der, mais devemos ser humildes, porque sem a humildade nenhuma virtude é aceita por Deus. E, feita a prédica, São Francisco distribuiu os ofícios com grandíssima caridade. Em louvor de Cristo. Amém.

Capítulo 13 – Como São Francisco e Frei Masseo puseram sobre uma pedra junto a uma fonte o pão que haviam mendigado, e São Francisco muito louvou a pobreza. Depois rogou

a Deus e a São Pedro e a São Paulo que lhes dessem o amor da santa pobreza; e como lhes apareceram São Pedro e São Paulo

O maravilhoso servo e seguidor de Cristo, isto é, monsior São Francisco, para se conformar perfeitamente com Cristo em todas as coisas, o qual, segundo o que diz o Evangelho, mandou os discípulos dois a dois a todas aquelas cidades e regiões aonde devia ir; depois que, a exemplo de Cristo, reunira doze companheiros, os enviou pelo mundo a pregar dois a dois. E, para lhes dar o exemplo de verdadeira obediência, começou ele primeiramente a ir a exemplo de Cristo, o qual começou primeiramente a fazer do que a ensinar. Pelo que, tendo designado aos companheiros as outras partes do mundo, ele, tomando Frei Masseo por seu companheiro, seguiu para a província da França. E chegando um dia, com muita fome, a uma cidade, andaram, segundo a Regra, mendigando pão pelo amor de Deus; e São Francisco foi por uma parte, e Frei Masseo por outra. Mas, por ser São Francisco um homem muito desprezível e pequeno de corpo e por isso reputado um vil pobrezinho por quem não o conhecia, só recolheu algumas côdeas e pedacinhos de pão seco. Mas a Frei Masseo, pelo fato de ser um homem alto e cheio de corpo, deram muitos e bons pedaços grandes e pães inteiros. Acabada a mendigação, reuniram-se fora da cidade para comer em um lugar onde havia uma bela fonte e junto uma bela pedra larga, sobre a qual cada um colocou as esmolas recebidas. E, vendo São Francisco que os pedaços de Frei Masseo eram em maior número e mais belos e maiores do que os dele, mostrou grande alegria e disse assim: "Ó Frei Masseo, não somos dignos deste grande tesouro". E, repetindo estas palavras várias vezes, respondeu-lhe Frei Masseo: "Pai, como se pode chamar tesouro, onde há tanta pobreza e falta de coisas que necessitamos? Aqui não há toalha, nem faca, nem garfo, nem prato, nem casa, nem mesa, nem criada, nem criado". Então disse São Francisco: "Isto é o que considero grande tesouro, porque não há coisa nenhuma feita pela indústria humana; mas o que aqui existe é feito pela Providência Divina, como se vê manifestamente pelo pão mendigado, pela mesa de pedra tão bela e pela fonte tão clara; por isso quero que peçamos a Deus que o tesouro da santa pobreza tão nobre, o qual tem Deus para servir, seja amado de todo o coração". E ditas estas palavras e rezada a oração e tomada a refeição corporal com aqueles pedaços de pão e aquela água, levantaram-se para ir à França, e, encontrando uma igreja, disse São Francisco ao companheiro: "Entremos nesta igreja para orar". E São Francisco se pôs em oração atrás do altar; e nesta oração recebeu da divina visita tão excessivo fervor, que inflamou tão fortemente sua alma no amor da santa pobreza que, pela cor da face como pela boca excessivamente aberta, parecia lançar chamas de amor. E vindo assim como abrasado ao companheiro, disse-lhe: "A.A.A., Frei Masseo, entrega-te a mim". Assim disse três vezes; e na terceira vez São Francisco com o hálito levantou Frei Masseo no ar e o lançou diante de si à distância de uma comprida lança; de que Frei Masseo teve grandíssimo espanto, e depois contou aos companheiros que naquela impulsão e suspensão, que lhe deu São Francisco com o hálito, sentiu tal doçura na alma e consolação do Espírito Santo como nunca em sua vida sentira tanta. E feito isto disse São Francisco: "Companheiro caríssimo, vamos a São Pedro e São Paulo, e roguemos-lhes que nos ensinem e nos ajudem a possuir o desmesurado tesouro da santíssima pobreza; porque ela é tesouro tão digníssimo e tão divino que não somos dignos de possuí-lo em nossos viHíssimos vasos; atendendo que ela é a virtude celeste, pela qual todas as coisas terrenas e transitórias são calcadas aos pés e pela qual todo obstáculo se afasta diante da alma, a fim de que ela se possa livremente unir com o Deus eterno. É ela esta virtude, a qual faz a alma presa à terra conversar no céu com os anjos. Esta é aquela que acompanhou Cristo na cruz; com Cristo foi sepultada, com Cristo ressuscitou, com Cristo subiu ao céu, e a qual, e ainda nesta vida, concede às almas, que dela se enamoram, agilidade para voar ao céu; para o que ela ainda guarda as armas da verdadeira humildade e da caridade. E por isso roguemos aos santíssimos apóstolos de Cristo, os quais foram perfeitos amadores desta pérola evangélica, que nos mendiguem esta graça de Nosso Senhor Jesus Cristo, que pela sua santíssima misericórdia nos conceda o merecimento de sermos verdadeiros amadores, observadores e humildes discípulos da preciosíssima, amantíssima e evangélica pobreza". E com este falar chegaram a Roma e entraram na Igreja de São Pedro; e São Francisco se pôs a orar em um canto da igreja, e Frei Masseo em outro; e conservando-se muito tempo em oração com muitas lágrimas e devoção, apareceram a São Francisco os santíssimos apóstolos Pedro e Paulo com grande esplendor e disseram: "Pois que pedes e desejas observar aquilo que Cristo e os santos apóstolos observaram, Nosso Senhor Jesus Cristo nos envia a ti para anunciar-te que tua oração foi escutada e te foi concedido por Deus, a ti e a teus seguidores, perfeitissimamente o tesouro da santíssima pobreza. E ainda de sua parte te dizemos que a todo aquele que a teu exemplo seguir perfeitamente este desejo está assegurada a beatitude da vida eterna; e tu e todos os teus discípulos sereis por Deus abençoados". E, ditas estas palavras, desapareceram, deixando São Francisco cheio de consolação. O qual se levantou da oração e voltou ao companheiro e perguntou-lhe se Deus lhe havia revelado alguma coisa; e ele respondeu que não. Então São Francisco lhe disse como os santos apóstolos lhe haviam aparecido, e o que tinham revelado. Do que, cada um cheio de letícia, determinaram volver ao Vale de Espoleto, deixando de ir à França. Em louvor de Cristo. Amém.

Capítulo 14 – Como São Francisco, estando com os companheiros a falar de Deus, Cristo apareceu no meio deles

Estando São Francisco uma vez, nos princípios da Ordem, recolhido com os seus companheiros a falar de Cristo, em um convento, no fervor de espírito mandou a um deles que em nome de Deus abrisse a boca e falasse de Deus o que o Espírito Santo lhe inspirasse. Obedecendo o irmão à ordem e falando maravilhosamente de Deus, São Francisco lhe impôs silêncio e mandou a outro irmão que fizesse o mesmo. Obedecendo este, e falando sutilissimamente de Deus, São Francisco lhe impôs o silêncio e ordenou ao terceiro que falasse de Deus. O qual semelhantemente começou a falar tão profundamente das coisas secretas de Deus que certamente São Francisco conheceu que ele, como os dois outros, falava pelo Espírito Santo. E isto ainda se demonstrou por nítido sinal; porque, estando neste falar, apareceu Cristo bendito no meio deles sob as espécies e em forma de um jovem belíssimo, e abençoando-os, encheu-os a todos de tanta doçura que todos foram arrebatados de si mesmos, sem sentir nada deste mundo. E depois, voltando eles a si, disse-lhes São Francisco: "Irmãos meus caríssimos, agradecei a Deus, que quis pela boca dos simples revelar os tesouros da divina sapiência; porque Deus é aquele que abre a boca aos mudos e faz falar sapientissimamente a língua dos simples". Em seu louvor. Amém.

Capítulo 15 – Como Santa Clara comeu com São Francisco e com os seus companheiros em Santa Maria dos Anjos

São Francisco, quando estava em Assis, frequentes vezes visitava Santa Clara, dando-lhe santos ensinamentos. E tendo ela grandíssimo desejo de comer uma vez com ele, o que lhe pediu muitas vezes, ele nunca lhe quis dar esta consolação. Vendo os seus companheiros o desejo de Santa Clara, disseram a São Francisco: "Pai, parece-nos que este rigor não é conforme à caridade divina; que à irmã Clara, virgem tão santa, dileta de Deus, não atendas em coisa tão pequenina como é comer contigo; e especialmente considerando que ela pela tua pregação abandonou as riquezas e as pompas do mundo. E deveras, se te pedisse graça maior do que esta, devias concedê-la à tua planta espiritual". Então São Francisco respondeu: "Parece-vos que devo atendê-la?" E os companheiros: "Sim, pai; digna coisa é que lhe dês esta consolação". Disse então São Francisco: "Pois se vos parece, a mim também. Mas, para que ela fique mais consolada, quero que esta refeição se faça em Santa Maria dos Anjos; porque ela esteve longo tempo reclusa em São Damião[6], será agra-

---

6 Santa Clara foi conduzida imediatamente, durante a noite, por São Francisco ao mosteiro beneditino de São Paulo, perto de Bastia, pela estrada que vai de Santa Maria dos Anjos a Perusa; depois, alguns dias mais tarde, ao mosteiro, também beneditino, de Santo Ângelo de Panzo, no Subásio, em que sua irmã Inês veio encontrá-la; enfim, a São Damião, que

dável a ela ver o Convento de Santa Maria, onde foi tonsurada e feita esposa de Jesus Cristo; e ali comeremos juntos em nome de Deus". Chegando o dia aprazado, Santa Clara saiu do mosteiro com uma companheira, e, acompanhada pelos companheiros de São Francisco, chegou a Santa Maria dos Anjos e saudou devotamente a Virgem Maria diante do altar onde fora tonsurada e velada; assim a conduziram a ver o convento até à hora do jantar. E nesse tempo São Francisco mandou pôr a mesa sobre a terra nua como de costume. E chegada a hora de jantar, sentaram-se São Francisco e Santa Clara, juntos, e um dos companheiros de São Francisco com a companheira de Santa Clara, e depois todos os companheiros de São Francisco se acomodaram humildemente à mesa. Como primeira vianda, São Francisco começou a falar de Deus tão suave, tão clara, tão maravilhosamente que, descendo sobre eles a abundância da divina graça, ficaram todos arrebatados em Deus. E estando assim arrebatados, com os olhos e as mãos levantados para o céu, os homens de Assis e de

São Francisco obteve dos beneditinos do Monte Subásio e onde ela fundou, com o santo, a Ordem Segunda, das Pobres Damas ou Clarissas. Na bula de canonização de Santa Clara, a Ordem Segunda é chamada de Ordem de São Damião – *insignis et sacer ordo S. Damiani* –, donde o nome às vezes aplicado às pobres damas, de damianitas.

Betona e os da região circunvizinha viram que Santa Maria dos Anjos e todo o convento e a selva, que havia então ao lado do convento, ardiam inteiramente; e parecia que fosse um grande incêndio que ocupasse a igreja, o convento e a selva, ao mesmo tempo. Pelo que os assisienses com grande pressa correram para ali, crendo firmemente que tudo estava ardendo. Mas, chegando ao convento e não encontrando nada queimado, entraram dentro e acharam São Francisco com Santa Clara e com toda a sua companhia arrebatados em Deus em contemplação e assentados ao redor desta humilde mesa. Pelo que compreenderam ter sido aquilo fogo divino e não material, o qual Deus tinha feito aparecer miraculosamente para demonstrar e significar o fogo do divino amor no qual ardiam as almas daqueles santos frades e santas monjas; de onde voltaram com grande consolação em seus corações e com santa edificação. Assim, passado grande espaço de tempo, São Francisco voltando a si e Santa Clara juntamente com os outros, e sentindo-se bem confortados com o cibo espiritual, não cuidaram do cibo corporal. E assim, terminado aquele bendito jantar, Santa Clara, bem acompanhada, voltou a São Damião. Pelo que as irmãs ao vê-la tiveram grande alegria; porque temiam que São Francisco a tivesse mandado dirigir um outro mosteiro qualquer, como já mandara Soror Inês, sua santa irmã, para dirigir como abadessa o Mosteiro de Monticelli de Florença; e São Francisco de uma vez dissera a Santa Clara: "Prepara-te, que poderei talvez precisar mandar-te a outro convento". E ela, como filha da santa obediência, respondera: "Pai, estou sempre pronta a ir aonde me mandares". E, portanto, as irmãs muito se alegraram quando a viram voltar; e Santa Clara ficou de ora em diante muito consolada[7]. Em louvor de Cristo. Amém.

Capítulo 16 – Como São Francisco recebeu o conselho de Santa Clara e do santo Frei Silvestre de que devia, pregando, converter muita gente; e pregou às aves e fez calar as andorinhas

O humilde servo de Cristo São Francisco, pouco tempo depois de sua conversão, tendo já reunido e recebido na Ordem muitos companheiros, entrou a pensar muito e ficou em dúvida sobre o que devia fazer, se somente entregar-se à oração,

---

7 Santa Clara não saiu de São Damião, onde morreu a 11 de agosto de 1253, após ter feito voltar para junto de si, no início desse ano, sua irmã Inês, que a seguiu na morte pouco tempo depois, a 16 de novembro de 1253.

ou bem a pregar algumas vezes; e sobre isso desejava muito saber a vontade de Deus. E porque a humildade que tinha não o deixava presumir de si nem de suas orações, pensou de conhecer a vontade divina por meio das orações dos outros. Pelo que chamou Masseo e disse-lhe assim: "Vai a Soror Clara e dize-lhe da minha parte que ela com algumas das mais espirituais companheiras rogue devotamente a Deus seja de agrado mostrar-me o que mais me convém; se me dedicar à pregação ou somente à oração. E depois vai a Frei Silvestre e dize-lhe o mesmo". Este fora no século aquele Monsior Silvestre, que vira uma cruz de ouro sair da boca de São Francisco, a qual era tão alta que ia até ao céu e tão larga que tocava os extremos do mundo. Era este Frei Silvestre de tanta devoção e de tanta santidade que tudo quanto pedia a Deus obtinha e muitas vezes falava com Deus; e por isso São Francisco tinha por ele grande devoção. Foi Frei Masseo, e conforme a ordem de São Francisco, que deu conta da embaixada primeiramente a Santa Clara e depois a Frei Silvestre. O qual, logo que a recebeu, imediatamente se pôs em oração e, rezando, obteve a resposta divina, e voltou a Frei Masseo e disse-lhe assim: "Isto disse Deus para dizeres ao irmão Francisco: que Deus não o chamou a este estado somente para si; mas para que ele obtenha fruto das almas e que muitos por ele sejam salvos". Obtida esta resposta, Frei Masseo voltou a Santa Clara para saber o que ela tinha conseguido de Deus; e respondeu que ela e outra companheira tinham obtido de Deus a mesma resposta que tivera Frei Silvestre. Com isto tornou Frei Masseo a São Francisco; e São Francisco o recebeu com grandíssima caridade, lavando-lhe os pés e preparando-lhe o jantar. E depois de comer, São Francisco chamou Frei Masseo ao bosque e ali, diante dele, se ajoelhou e tirou o capuz, pondo os braços em cruz, e perguntou-lhe: "Que é que ordena que eu faça o meu Senhor Jesus Cristo?" Respondeu Frei Masseo: "Tanto a Frei Silvestre como a Soror Clara e à irmã, Cristo respondeu e revelou que sua vontade é que vás pelo mundo a pregar, porque Ele não te escolheu para ti somente, mas ainda para a salvação dos outros". E então São Francisco, ouvindo aquela resposta e conhecendo por ela a vontade de Cristo, levantou-se com grandíssimo fervor e disse: "Vamos em nome de Deus". E tomou como companheiros a Frei Masseo e a Frei Ângelo, homens santos. E caminhando com ímpeto de espírito, sem escolher caminho nem atalho, chegaram a um castelo que se chamava Savurniano, e São Francisco se pôs a pregar e primeiramente ordenou às andorinhas, que cantavam, que fizessem silêncio até que ele tivesse pregado; e as andorinhas obedeceram. E ali pregou com tal fervor que todos os homens e todas as mulheres daquele castelo, por devoção, queriam seguir atrás dele e abandonar o castelo. Mas São Francisco não permitiu, dizendo-lhes: "Não tenhais pressa e não partais; e ordenarei o que deveis fazer para a salvação de vossas almas". E então pensou em criar a Ordem Terceira para a universal salvação de todos[8]. E assim deixando-os muito consolados e bem-dispostos à penitência, partiu-se daí e veio entre Cannara e Bevagna. E passando além, com aquele fervor levantou os olhos e viu algumas árvores na margem do caminho, sobre as quais estava uma quase infinita multidão de passarinhos; do que São Francisco se maravilhou e disse aos companheiros: "Esperai-me

8 *Cogitavit facere tertium Ordinem qui dicitur Continentium*, lemos nos *Actus*. É provável que São Francisco tivesse nesse momento a ideia de fundar a Ordem Terceira, mas possivelmente só a realizou muito mais tarde, depois de sua volta da Síria, em 1221. A Ordem Terceira chamou-se de início Ordem da Penitência, *Ordo de Poenitentia*. Bernardo de Bessa parece ter sido um dos primeiros, senão o primeiro, a empregar a expressão *Tertius Ordo*, em *De laudibus beati Francisci*, no fim do cap. 7.

aqui no caminho, que vou pregar às minhas irmãs aves". E entrando no campo começou a pregar às aves que estavam no chão; e subitamente as que estavam nas árvores vieram a ele e todas ficaram quietas até que São Francisco acabou de pregar; e depois não se partiram enquanto ele não lhes deu a sua bênção. E conforme contou depois Frei Masseo a Frei Tiago de Massa, andando São Francisco entre elas a tocá-las com a capa, nenhuma se moveu. A substância da prédica de São Francisco foi esta: "Minhas irmãs aves, deveis estar muito agradecidas a Deus, vosso Criador, e sempre em toda parte o deveis louvar, porque vos deu liberdade de voar a todos os lugares, vos deu uma veste duplicada e triplicada; também porque reservou vossa semente na Arca de Noé, a fim de que vossa espécie não faltasse ao mundo; ainda mais lhe deveis estar gratas pelo elemento do ar que vos concedeu. Além disto não plantais e não ceifais; e Deus vos alimenta e vos dá os rios e as fontes para beberdes, e vos dá os montes e os vales para vosso refúgio, e as altas árvores para fazerdes vossos ninhos e, porque não sabeis fiar nem coser, Deus vos veste a vós e aos vossos filhinhos; muito vos ama o vosso Criador, pois vos faz tantos benefícios, e, portanto, guardai-vos, irmãs minhas, do pecado de

ingratidão e empregai sempre os meios de louvar a Deus". Dizendo-lhes São Francisco estas palavras, todos e todos estes passarinhos começaram a abrir os bicos, a estender os pescoços, e a abrir as asas, e a reverentemente inclinar as cabeças para o chão, e por seus atos e seus cantos a demonstrar que as palavras do santo pai lhes deram grandíssima alegria. E São Francisco juntamente com elas se rejubilava, se deleitava, se maravilhava muito com tal multidão de pássaros e com a sua belíssima variedade e com a sua atenção e familiaridade; pelo que ele devotamente nelas louvava o Criador. Finalmente, terminada a pregação, São Francisco fez sobre elas o sinal da cruz e deu-lhes licença de partir; e então todas aquelas aves em bando se levantaram no ar com maravilhosos cantos; e depois, seguindo a cruz que São Francisco fizera, dividiram-se em quatro grupos: um voou para o Oriente e outro para o Ocidente, o terceiro para o meio-dia, o quarto para o aquilão, e cada bando cantava maravilhosamente; significando que, como por São Francisco, gonfaloneiro da cruz de Cristo, lhes fora pregado e sobre elas feito o sinal da cruz, segundo o qual se dividiram, cantando, pelas quatro partes do mundo; assim, a pregação da cruz de Cristo renovada por São Francisco devia ser levada por ele e por seus irmãos a todo o mundo; os quais frades como os pássaros, nada de próprio possuindo neste mundo, confiam a vida unicamente à Providência de Deus. Em louvor de Cristo. Amém.

Capítulo 17 – Como São Francisco orando de noite, um menino noviço viu Cristo e a Virgem Maria e muitos outros santos falarem com ele

Um menino muito puro e inocente foi recebido na Ordem, vivendo São Francisco; e estava em um pequeno convento no qual por necessidade os frades dormiam dois em cada leito. Veio São Francisco uma vez ao dito convento e de tarde, ditas as Completas, foi dormir a fim de poder levantar-se à noite para orar quando os outros frades estivessem a dormir, como tinha costume de fazer. O dito menino pôs no coração espiar solicitamente a vida de São Francisco, para poder conhecer a sua santidade e especialmente para saber o que ele fazia à noite quando se levantava. E para não ser enganado pelo sono, pôs-se esse menino a dormir ao lado de São Francisco e amarrou a sua corda com a de São Francisco, para perceber quando ele se levantasse; de nada disso São Francisco se apercebeu. Mas à noite, no primeiro sono, quando todos os frades dormiam, São Francisco se levantou e achou a sua corda assim atada, soltou-a tão docemente que o menino não sentiu, e saiu São Francisco sozinho para o bosque que ficava próximo do convento, e entrou em uma cova que ali havia e ficou em oração. Depois de algum tempo, o menino despertou e achando a corda desatada e São Francisco levantado, levantou-se também e foi procurá-lo e, encontrando aberta a passagem que dava para o bosque, pensou que São Francisco ali estivesse e penetrou no bosque. E logo, chegando ao ponto onde São Francisco orava, começou a ouvir a grande conversação; e aproximando-se mais para entender o que ouvia, chegou a ver uma luz admirável que cercava São Francisco e nela viu Cristo e a Virgem Maria e São João Batista e o Evangelista e grandíssima multidão de anjos, os quais falavam com São Francisco. Vendo isto, o menino caiu no chão sem sentidos; depois, acabado o mistério daquela santa aparição, voltando São Francisco ao convento, tropeçou no corpo do menino que jazia na estrada como morto, e por compaixão carregou-o nos braços e colocou-o no leito como faz o bom pastor com a sua ovelha. E depois, sabendo dele como tinha visto a dita visão, ordenou-lhe que nada dissesse a ninguém enquanto ele fosse vivo. O menino crescendo, pois, em grande graça de Deus e devoção de São Francisco, foi homem de valor na Ordem; e somente depois da morte de São Francisco revelou aos irmãos a dita visão. Em louvor de Cristo. Amém.

Capítulo 18 – Do maravilhoso Capítulo que reuniu São Francisco em Santa Maria dos Anjos, onde estiveram além de cinco mil irmãos

O fidelíssimo servo de Cristo monsior São Francisco reuniu uma vez um Capítulo Geral em Santa Maria dos Anjos, no qual Capítulo estiveram presentes para mais de cinco mil irmãos; e veio São Domingos, cabeça e fundador da Ordem dos frades pregadores, o qual ia então de Borgonha a Roma. E sabendo da reunião do Capítulo que São Francisco realizava na planície de Santa Maria dos Anjos, foi vê-lo com sete irmãos de sua Ordem. Esteve também no dito Capítulo um cardeal devotíssimo de São Francisco, do qual tinha profetizado que havia de ser papa, e assim foi. O qual cardeal viera de propósito de Perusa, onde estava a corte, a Assis. E todos os dias vinha ver São Francisco e seus frades, e algumas vezes cantava a missa, outras vezes fazia o sermão para os frades no Capítulo; experimentava o dito cardeal grandíssima satisfação e devoção quando vinha visitar aquele santo colégio. E vendo naquela planície os irmãos ao redor de Santa Maria, grupo em grupo, quarenta aqui, ali duzentos, além trezentos juntos, todos ocupados somente em falar de Deus e em orações, em lágrimas, em exercícios de caridade; e permanecendo com tanto silêncio e com tanta modéstia, que nenhum rumor se ouvia, nem contenda; e maravilhando-se de tal multidão com tanta ordem, com lágrimas e com grande devoção dizia: "Em verdade, este é o campo e o exército dos cavaleiros de Cristo". Não se ouvia em tal multidão uma palavra inútil ou frívola; mas em cada lugar onde se reunia um grupo de frades, ou oravam ou diziam o ofício, ou choravam os seus pecados e os dos seus benfeitores ou tratavam da salvação da alma. E havia naquele campo cabanas de vime e de esteiras, divididas em turmas para os irmãos das diversas províncias; e por isso chamaram a este Capítulo de Capítulo dos Vimes ou das Esteiras. Os leitos deles eram a terra nua, e alguns tinham uma pouca de palha: os travesseiros eram pedras ou paus. Pelo que sentiam tanta devoção os que os ouviam ou viam e tanta era a fama de sua santidade, que da corte do papa, então em Perusa, e das outras terras do Vale de Espoleto vinham vê-los muitos condes, barões e cavaleiros e outros gentis-homens e muitos populares e cardeais e bispos e abades com outros clérigos, para ver aquela santa e grande e humilde congregação, a qual o mundo nunca mais viu, de tantos santos homens juntos. E principalmente vinham para ver o chefe e pai santíssimo de toda aquela gente, o qual furtara ao mundo tão bela presa e reunira tão belo e devoto rebanho para seguir as pegadas do venerável pastor Jesus Cristo. Estando, pois, reunido o Capítulo Geral, o santo pai de todos e ministro geral São Francisco com fervor de espírito anuncia a Palavra de Deus, e prega em altas vozes o que o Espírito Santo lhe manda dizer; e por tema do sermão propôs estas palavras: "Filhos meus, grandes coisas prometemos a Deus; mas muito maiores Deus nos prometeu. Observemos o que prometemos; e esperemos com certeza as que nos foram prometidas. Breve é o deleite do mundo, mas a pena que se lhe segue é perpétua. Pequeno é o sofrimento desta vida, mas a glória da outra vida é infinita". E sobre estas palavras pregando devotissimamente confortava e induzia os frades à obediência da santa madre Igreja, à caridade fraternal e a rogarem a Deus por todo o povo e a terem paciência na adversidade do mundo e temperança na prosperidade, a pureza e castidade angélica, a estarem em paz e concórdia com Deus e com os homens e com a própria consciência, e ao amor e à observância da santíssima pobreza. E então lhes disse: "Ordeno-vos pelo mérito da santa obediência, a todos vós reunidos aqui, que nenhum de vós se preocupe com o que tenha de comer ou beber, ou com as coisas necessárias ao corpo, mas aplicai-vos somente a orar e a louvar a Deus, e toda a solicitude do corpo deixai a Ele, porque Ele terá especial cuidado convosco". E todos eles receberam este mandamento com o coração alegre e com a face risonha. E terminado o sermão de São Francisco, todos se puseram a orar. Do que São Domingos, o qual estava presente a todas estas coisas, fortemente se maravilhou do mandamento de São Francisco e julgou-o indiscreto, não podendo compreender como tal multidão se poderia dirigir sem ter nenhum cuidado e solicitude das coisas necessárias ao corpo. Mas o principal pastor, Cristo bendito, querendo mostrar como cuida de suas ovelhas e tem singular amor aos seus filhos, logo e logo inspirou aos habitantes de Perusa, de Espoleto, de Foligno, de Spello e de Assis e de outras terras circunvizinhas que levassem o que comer e beber àquela santa congregação. E eis que subitamente chegam das ditas terras homens com jumentos, cavalos, carros carregados de pães e de vinho, favas, queijos e de outras boas coisas de comer, como os pobres de Cristo necessitavam. Além disso, traziam toalhas, púcaros, garrafas, copos e outros vasos de que tal multidão havia mister. E bendito se considerava quem mais coisas podia trazer ou mais solicitamente servia; de modo que até os cavaleiros, os barões e outros gentis-homens, que tinham vindo para ver, com grande humildade e devoção serviam-nos também. Pelo que São Domingos, vendo estas coisas e verdadeiramente conhecendo que a Providência Divina cuidava deles, humildemente reconheceu que julgara falsamente São Francisco de dar ordem indiscreta; e ajoelhando à sua frente, disse-lhe humildemente sua culpa e acrescentou: "Deveras Deus dispensa cuidado especial a estes santos pobrezinhos e eu não o sabia; e de ora em diante prometo de observar a evangélica pobreza santa e amaldiçoo da parte de Deus a todos os frades de minha Ordem, os quais na dita Ordem presumirem ter alguma coisa de próprio". Assim ficou São Domingos muito edificado com a fé do santíssimo Francisco e com a obediência e a pobreza de tão grande e bem-ordenado colégio e da Providência Divina e da copiosa abundância de todos os bens. No mesmo Capítulo disseram a São Francisco que muitos frades traziam o cilício sobre a carne e argolas de ferro; e por esse motivo muitos adoeciam e outros morriam e muitos ficavam incapazes de orar. Pelo que São Francisco, por ser discretíssimo pai, ordenou que por santa obediência quem tivesse cilício, ou argola de ferro, lhos trouxesse e pusesse diante dele. Assim o fizeram e foram contados para mais de quinhentos cilícios de ferro e muito mais argolas de ferro tanto para os braços como para o ventre, de maneira que fizeram um grande monte e São Francisco os deixou lá. Depois de acabado o Capítulo, São Francisco, confortando-os para o bem e ensinando-lhes como deviam sair deste mundo malvado sem pecado, com a bênção de Deus e a dele, fê-los voltar às suas províncias, todos consolados com a letícia espiritual. Em louvor de Cristo. Amém.

Capítulo 19 – Como da vinha do padre de Rieti, em cuja casa São Francisco rezou, devido à grande multidão que vinha a ele, foram arrancadas e colhidas as uvas; e depois miraculosamente dela se fez mais vinho do que nunca,

segundo a promessa de São Francisco. E como Deus revelou a São Francisco que ele alcançaria o paraíso depois de sua morte

Estando uma vez São Francisco gravemente doente dos olhos, Monsior Hugolino, cardeal protetor da Ordem, pela grande ternura que tinha por ele, escreveu-lhe que fosse procurá-lo em Rieti, onde havia ótimos médicos da vista. Então São Francisco, recebendo a carta do cardeal, foi primeiramente a São Damião, onde estava Santa Clara, devotíssima esposa de Cristo, para levar--lhe alguma consolação e depois ir ao cardeal. Ali estando São Francisco, na noite seguinte, piorou de tal modo dos olhos que não podia mais ver a luz. Não podendo, por isso, partir, Santa Clara fez para ele uma cabana de caniço onde pudesse melhor repousar. Mas São Francisco, tanto pela dor da enfermidade como pela grande quantidade de morcegos que o incomodavam muitíssimo, de maneira nenhuma podia repousar de dia ou de noite. E sofrendo demais com aquela tribulação, começou a pensar e a reconhecer que aquilo era um flagelo de Deus pelos seus pecados; e começou a agradecer a Deus com todo o coração e com a boca, e depois gritava em altas vozes, dizendo: "Senhor meu, sou digno disto e de muito pior. Senhor meu Jesus Cristo, bom pastor, que mostraste a tua misericórdia sobre nós, dando-nos diversas penas e angústias corporais, concede-me a graça e virtude, a mim, a tua ovelhinha, para que por nenhuma enfermidade e angústia ou dor me afaste de ti". E feita esta oração, ouviu uma voz do céu que disse: "Responde-me, Francisco. Se toda a terra fosse ouro, e todos os mares, fontes e rios fossem bálsamo, e todos os montes e colinas e os rochedos fossem pedras preciosas; e achasses um outro tesouro mais nobre do que essas coisas, como o ouro é mais nobre do que a terra, e o bálsamo do que a água, e as pedras preciosas mais do que os montes e os rochedos, e te fosse dado em troca desta enfermidade este mais nobre tesouro, não devias ficar bem contente e bem alegre?" Responde São Francisco: "Senhor, eu não sou digno de tesouro tão precioso". E disse-lhe a voz de Deus: "Rejubila-te, Francisco, porque este é o tesouro da vida eterna, o qual te reservo e desde já te garanto; e esta enfermidade e esta aflição são as arras do tesouro bendito". São Francisco então chamou o companheiro com grandíssima alegria por tão gloriosa promessa, e disse: "Vamo-nos ao cardeal". E consolando primeiramente Santa Clara com santas palavras e dela humildemente despedindo-se, tomou o caminho para Rieti. E quando estava próximo, tal multidão de povo saiu-lhe ao encontro que por isso ele não quis entrar na cidade; mas se dirigiu a uma igreja que havia perto da cidade cerca de duas milhas. Sabendo, pois, os citadinos que ele estava na dita igreja, corriam de toda parte para vê-lo, tanto que uma vinha da dita igreja ficou toda estragada e as uvas colhidas. Pelo que o padre muita mágoa sentiu em seu coração e arrependia-se de ter recebido São Francisco em sua igreja. E sendo por Deus revelado a São Francisco o pensamento do padre, mandou chamá-lo e disse-lhe: "Padre caríssimo, que quantidade de vinho te dá esta vinha por ano, quando te rende mais?" Respondeu: "Doze cargas". Disse São Francisco: "Peço-te, padre, que suportes pacientemente a minha estada alguns dias aqui, porque acho muito repouso neste lugar; e deixa que todos colham uvas de tua vinha, pelo amor de Deus e de mim pobrezinho; e te prometo, da parte de meu Senhor Jesus Cristo, que ela te renderá este ano vinte cargas". E a razão por que São Francisco queria ali demorar era o grande fruto que via colherem as almas das pessoas que o vinham ver; das quais muitas se partiam inebriadas do divino amor e abandonavam o mundo. Confiando o padre

na promessa de São Francisco, deixou a vinha entregue aos que vinham a ele. Maravilhosa coisa! A vinha ficou toda estragada e colhida, ficando apenas alguns cachos de uvas. Vem o tempo da vindima, e o padre colhe aqueles poucos de cachos, põe-nos na dorna e os pisa e, segundo a promessa de São Francisco, recolhe vinte cargas de ótimo vinho. No qual milagre manifestamente se dá a entender que, como pelo mérito de São Francisco, a vinha despojada de cachos abundou em vinho, assim o povo cristão, estéril de virtudes pelo pecado, pelos méritos e doutrina de São Francisco, muitas vezes colhe em abundância bons frutos de penitência. Em louvor de Cristo. Amém.

Capítulo 20 – De uma belíssima visão que viu um jovem frade, o qual tinha em tal abominação a túnica, que estava disposto a deixar o hábito e sair da Ordem

Um jovem muito nobre e delicado veio para a Ordem de São Francisco: o qual, depois de alguns dias, por instigação do demônio, começou a ter tal abominação ao hábito que vestia que lhe parecia trazer um saco vilíssimo; tinha horror às mangas, abominava o capuz, e o comprimento e a grandeza lhe pareciam carga insuportável. E crescendo-lhe assim o desgosto pela Ordem, deliberou finalmente deixar o hábito e voltar ao mundo. Tomara por costume, conforme lhe ensinara seu mestre, todas as vezes que passavam em frente do altar do convento, no qual se conservava o corpo de Cristo, ajoelhar-se com grande reverência e tirar o capuz e inclinar-se com os braços em cruz. Sucedeu que naquela noite, na qual devia partir e deixar a Ordem, foi-lhe preciso passar diante do altar do convento; e passando, segundo o costume, ajoelhou-se e fez reverência. E subitamente arrebatado em espírito, foi-lhe mostrada por Deus uma maravilhosa visão: repentinamente viu diante de si passar quase infinita multidão de santos como em procissão, dois a dois, vestidos todos de belíssimo e precioso pano; e as faces deles e as mãos resplandeciam como o sol, e iam com cânticos e música de anjos, entre os quais santos havia dois mais nobremente vestidos e adornados do que todos os outros, e estavam cercados de tanta claridade que grandíssimo assombro faziam a quem os olhava, e quase no fim da procissão viu um ornado de tanta glória que parecia um cavaleiro novo, mais honrado do que os outros. Vendo o dito jovem esta visão, maravilhava-se e não sabia o que queria dizer aquela procissão e não tinha coragem de indagar e estava estupefato de enleio. Tendo passado a procissão, ele, enchendo-se de coragem, corre em direção aos últimos, e com grande temor pergunta-lhes, dizendo: "Ó caríssimos, peço-vos o favor de dizer-me quem são estas maravilhosas pessoas que vão nesta procissão venerável". Responderam-lhe: "Sabe, filho, que todos nós somos frades menores que vimos agora da glória do paraíso". E ele ainda perguntou: "Quais são aqueles dois que brilham mais do que os outros?" Responderam-lhe: "São Francisco e Santo Antônio; e aquele último que vês tão honrado é um santo frade que morreu há pouco tempo; o qual, porque valentemente combateu contra as tentações e perseverou até ao fim, agora o levamos em triunfo à glória do paraíso; e estas vestes de fazendas tão belas que trajamos foram-nos dadas por Deus em troca das ásperas túnicas as quais nós pacientemente suportamos na Ordem; e a gloriosa claridade, que vês em nós, foi-nos dada por Deus pela humildade e paciência e pela santa pobreza e obediência e castidade as quais observamos até ao fim. E portanto, filho, não te seja molesto trazer o saial da Ordem tão frutuoso, porque, se com o saco de São Francisco desprezares o mundo e mortificares a carne, e contra o demônio combateres valentemente, terás conosco semelhante veste e claridade de glória". E ditas estas palavras, o jovem voltou a si, e confortado pela visão expulsou de si todas as tentações e confessou a sua culpa diante do guardião e dos frades; e daí em diante desejou a aspereza da penitência e das vestes e acabou a vida na Ordem em grande santidade. Em louvor de Cristo. Amém.

Capítulo 21 – Do santíssimo milagre que fez São Francisco, quando converteu o ferocíssimo lobo de Gúbio

No tempo em que São Francisco morava na cidade de Gúbio apareceu no Condado de Gúbio um lobo grandíssimo, terrível e feroz, o qual não somente devorava os animais como os homens, de modo que todos os citadinos estavam tomados de grande medo, porque frequentes vezes ele se aproximava da cidade; e todos andavam armados quando saíam da cidade, como se fossem para um combate; contudo, quem sozinho o encontrasse não se poderia defender. E o medo desse lobo chegou a tanto que ninguém tinha coragem de sair da cidade. Pelo que São Francisco, tendo compaixão dos homens do lugar, quis sair ao encontro do lobo, se bem que os citadinos de todo não o aconselhassem; e, fazendo o sinal da santa cruz, saiu da cidade com os seus companheiros, pondo toda a sua confiança em Deus. E temendo os outros ir mais longe, São Francisco tomou o caminho que levava ao lugar onde estava o lobo. E eis que, vendo muitos citadinos, os quais tinham vindo para ver aquele milagre, o dito lobo foi ao encontro de São Francisco com a boca aberta; e chegando-se a ele São Francisco fez o sinal da cruz e o chamou a si, e disse-lhe assim: "Vem cá, irmão lobo, ordeno-te da parte de Cristo que não faças mal nem a mim nem a ninguém". Coisa admirável! Imediatamente após São Francisco ter feito a cruz, o lobo terrível fechou a boca e cessou de correr; e dada a ordem, vem mansamente como um cordeiro e se lança aos pés de São Francisco como morto. Então São Francisco lhe falou assim: "Irmão lobo, tu fazes muitos danos nesta terra, e grandes malefícios, destruindo e matando as criaturas de Deus sem sua licença; e não somente mataste e devoraste os animais, mas tiveste o ânimo de matar os homens feitos à imagem de Deus; pela qual coisa és digno da forca, como ladrão e homicida péssimo; e toda a gente grita e murmura contra ti, e toda esta terra te é inimiga. Mas eu quero, irmão lobo, fazer a paz entre ti e eles; de modo que tu não mais os ofenderás e eles te perdoarão todas as passadas ofensas, e nem homens nem cães te perseguirão mais". Ditas estas palavras, o lobo, com o movimento do corpo e da cauda e das orelhas e com inclinação de cabeça, mostrava de aceitar o que São Francisco dizia e de o querer observar. Então São Francisco disse: "Irmão lobo, desde que é de teu agrado fazer e conservar esta paz, prometo te dar continuadamente o alimento enquanto viveres, pelos homens desta terra, para que não sofras fome; porque sei bem que pela fome é que fizeste tanto mal. Mas, por te conceder esta grande graça, quero, irmão lobo, que me prometas não lesar mais a nenhum homem, nem a nenhum animal. Prometes-me isto?" E o lobo, inclinando a cabeça, fez evidente sinal de que o prometia. E São Francisco disse: "Irmão lobo, quero que me dês prova desta promessa, a fim de que possa bem confiar". E estendendo São Francisco a mão para receber o juramento, o lobo levantou o pé direito da frente, e domesticamente o pôs sobre a mão de São Francisco, dando-lhe o sinal como podia. E então disse São Francisco: "Irmão lobo, eu te ordeno em nome de Jesus Cristo que venhas agora comigo sem duvidar de nada, e vamos concluir esta paz em nome de Deus". E o lobo obediente foi com ele, a modo de um cordeiro manso; pelo

que os citadinos, vendo isto, muito se maravilharam. E subitamente esta novidade se soube em
toda a cidade; pelo que toda a gente, homens e
mulheres, grandes e pequenos, jovens e velhos,
vieram à praça para ver o lobo com São Francisco.
E estando bem reunido todo o povo, São Francisco
se pôs em pé e pregou-lhe dizendo, entre outras
coisas, como pelos pecados Deus permite tais pes-
tilências; e que muito mais perigosa é a chama do
inferno, a qual tem de durar eternamente para os
danados, do que a raiva do lobo, o qual só pode
matar o corpo; quanto mais é de temer a boca
do inferno, quando uma tal multidão tem medo
e terror da boca de um pequeno animal! "Voltai,
pois, caríssimos, a Deus, e fazei digna penitência
dos vossos pecados, e Deus vos livrará do lobo
no tempo presente, e no futuro do fogo infernal."
E acabada a prédica, disse São Francisco: "Ouvi,
irmãos meus; o irmão lobo, que está aqui diante
de vós, prometeu-me e prestou-me juramento de
fazer as pazes convosco e de não vos ofender mais
em coisa alguma, se lhe prometerdes de dar-lhe
cada dia o alimento necessário; e eu sirvo de fiador
dele de que firmemente observará o pacto de paz".
Então todo o povo a uma voz prometeu nutri-lo
continuadamente. E São Francisco diante de todos

disse ao lobo: "E tu, irmão lobo, prometes observar com estes o pacto de paz, e que não ofenderás nem aos homens nem aos animais nem a criatura nenhuma?" E o lobo ajoelha-se e inclina a cabeça, e com movimentos mansos de corpo e de cauda e de orelhas demonstra, quanto possível, querer observar todo o pacto. Disse São Francisco: "Irmão lobo quero, do mesmo modo que me prestaste juramento desta promessa, fora de portas, também diante de todo o povo me dês segurança de tua promessa, e que não me enganarás sobre a caução que prestei por ti". Então o lobo, levantando a pata direita, colocou-a na mão de São Francisco. Pelo que, depois deste fato, e de outros acima narrados, houve tanta alegria e admiração em todo o povo, tanto pela devoção do santo, e tanto pela novidade do milagre e tanto pela pacificação do lobo, que todos começaram a clamar para o céu, louvando e bendizendo a Deus, o qual lhes havia mandado São Francisco, que por seus méritos os havia livrado da boca da besta cruel. E depois o dito lobo viveu dois anos em Gúbio; e entrava domesticamente pelas casas de porta em porta, sem fazer mal a ninguém, e sem que ninguém lho fizesse; e foi nutrido cortesmente pela gente; e andando assim pela cidade e pelas casas, jamais nenhum cão ladrava atrás dele. Finalmente, depois de dois anos o irmão lobo morreu de velhice; pelo que os citadinos tiveram grande pesar, porque, vendo-o andar assim mansamente pela cidade, se lembravam melhor da virtude e da santidade de São Francisco. Em louvor de Cristo. Amém.

Capítulo 22 – Como São Francisco domesticou as rolas selvagens

Um jovem havia apanhado um dia muitas rolas e levava-as a vender. Encontrando-o São Francisco, o qual sempre sentia singular piedade pelos animais mansos, olhando com os olhos piedosos aquelas rolas, disse ao jovem: "Ó bom moço, peço-te que mas dês, para que passarinhos tão inocentes, os quais são comparados na Santa Escritura às almas castas e humildes e fiéis, não caiam nas mãos de cruéis que os matem". De repente, aquele, inspirado por Deus, deu-as todas a São Francisco; e ele recebendo-as no regaço, começou a falar-lhes docemente: "Ó irmãs minhas, rolas simples e inocentes e castas, por que vos deixastes apanhar? Agora quero livrar-vos da morte e fazer-vos ninhos, para que deis frutos e vos multipliqueis, conforme o mandamento do vosso Criador". E vai São Francisco e para todas fez ninhos. E elas, usando-os, começaram a pôr ovos e criar os filhos diante dos frades: e assim domesticamente viviam e tratavam com São Francisco e com os outros frades, como se fossem galinhas sempre criadas por eles. E dali não se foram enquanto São Francisco com sua bênção não lhes deu licença de partir. E ao moço que lhas havia dado, disse São Francisco: "Filho, ainda serás frade nesta Ordem e servirás graciosamente a Jesus Cristo". E assim foi; porque o dito jovem se fez frade e viveu na Ordem com grande santidade. Em louvor de Cristo. Amém.

Capítulo 23 – Como São Francisco livrou o frade que estava em pecado com o demônio

Estando uma vez São Francisco em oração no Convento da Porciúncula, viu, por divina revelação, todo o convento cercado e assediado pelos demônios, como se fosse por um grande exército. Mas nenhum podia, aliás, entrar dentro do convento; porque aqueles frades eram de tanta santidade que os demônios não tinham meios de entrar neles. Mas, perseverando todavia assim, um dia um daqueles frades se escandalizou com um outro e pensava no seu coração como poderia acusá-lo e vingar-se dele. Pelo que, continuando ele com este mau pensamento, o demônio, achando a porta aberta, entrou no convento e montou no pescoço daquele frade. Vendo isto o piedoso e solícito pastor, o qual velava sempre por seus rebanhos, que o lobo entrara para devorar sua ovelha, mandou imediatamente chamar à sua presença aquele frade e lhe ordenou que logo deveria descobrir o veneno do ódio concebido contra o próximo, pelo qual estava nas mãos do inimigo. Pelo que atemorizado, por se ver assim compreendido pelo santo pai, descobriu todo o veneno e rancor, e reconheceu sua culpa e pediu-lhe humildemente a penitência com misericórdia, e isto feito, absolvido que foi do pecado e recebendo a penitência, imediatamente diante de São Francisco o demônio se foi; e o frade assim, livre das mãos da cruel besta, pela bondade do bom pastor, agradeceu a Deus; e, voltando corrigido e ensinado ao redil do santo pastor, viveu depois em grande santidade. Em louvor de Cristo. Amém.

Capítulo 24 – Como São Francisco converteu à fé o sultão da Babilônia, e a cortesã que o induzia ao pecado

São Francisco, instigado pelo zelo da fé cristã e pelo desejo do martírio, atravessou uma vez o mar com doze de seus companheiros santíssimos, para ir diretamente ao sultão da Babilônia[9]. E chegou a uma região de sarracenos, onde certos homens cruéis guardavam as passagens, que nenhum cristão que ali passasse podia escapar sem ser morto; como prouve a Deus, não foram mortos, mas presos, batidos e amarrados foram levados diante do sultão. E estando diante dele São Francisco, ensinado pelo Espírito Santo, pregou tão divinamente sobre a fé cristã que mesmo por ela queria entrar no fogo[10]. Pelo que o sultão começou a ter grandíssima devoção por ele, tanto pela constância de sua fé como pelo desprezo do mundo que nele via;

---

9 Nome bíblico (Jr 50,8; 51,6) que designa a capital dos infiéis. Tomás de Celano (1Cel 2) emprega a mesma expressão para designar Assis, considerada como um lugar de perdição, por uma reminiscência das *Confissões* de Santo Agostinho (2,3,8).

10 A prova de fogo, segundo São Boaventura, foi proposta por São Francisco ao sultão em duas formas: ele entraria numa fogueira com os sacerdotes de Maomé, e o fogo decidiria; depois, se o sultão recusasse, ele entraria sozinho: sua morte seria devida unicamente aos seus pecados; mas se fosse protegido, o sultão reconheceria o verdadeiro Deus. O primeiro desafio foi popularizado por Giotto – ou algum de seus discípulos – num dos afrescos da basílica superior de Assis, em que Frei Iluminado observa a fuga dos maometanos diante do fogo, com uma expressão divertida de desprezo e de piedade: "Ter medo de tão pouco!", parece ele pensar.

porque nenhum dom queria dele receber, sendo pobríssimo; e também pelo fervor do martírio que nele via. E deste ponto em diante o sultão o ouvia com boa vontade e pediu-lhe que frequentemente voltasse à sua presença, concedendo livremente a ele e aos seus companheiros que podiam pregar onde quisessem. E deu-lhes um sinal com o qual não podiam ser ofendidos por ninguém. Obtida esta licença tão generosa, São Francisco mandou aqueles seus eleitos companheiros, dois a dois, por diversas terras de sarracenos, a predicar a fé cristã; e ele com um deles escolheu um lugar. No qual chegando, entrou em um albergue para repousar; e ali havia uma mulher belíssima de corpo, mas vil de alma, a qual mulher maldita convidou São Francisco a pecar. E dizendo-lhe São Francisco: "Aceito, vamos ao leito"; e ela o conduziu para o quarto. E disse São Francisco: "Vem comigo, que a levarei a um leito belíssimo". E conduziu-a a uma grandíssima fogueira que se fazia naquela casa; e no fervor de espírito despe-se e lança-se neste fogo por sobre tições inflamados, e convida a mulher para que se dispa e vá se deitar nesse leito tão macio e belo. E estando assim São Francisco por grande espaço de tempo com semblante alegre e sem se queimar, nem mesmo se chamuscar, aquela mulher por tal milagre assombrada, e compungida em seu coração, não somente se arrependeu do pecado e da má intenção, mas até se converteu perfeitamente à fé cristã, e tornou-se de tanta santidade que por ela muitas almas se salvaram naquela terra[11]. Finalmente, vendo São Francisco que não podia obter mais fruto naquelas partes, por divina revelação se dispôs com todos os seus companheiros a retornar aos fiéis; e reunindo todos os seus, voltou ao sultão e despediu-se. E então lhe disse o sultão: "Frei Francisco, de boa vontade me converteria à fé cristã, mas temo fazê-lo agora, porque se estes homens o descobrissem matariam a mim e a ti com todos os teus companheiros; mas, porque tu podes fazer muito bem, e eu tenho de resolver certas coisas de muito grande peso, não quero agora causar a tua morte e a minha, mas ensina-me como poderei me salvar, e estou pronto a fazer o que me impuseres". Disse então São Francisco: "Senhor, eu me separarei de vós, mas depois de chegar ao

---

11 Este relato, mais pitoresco do que digno de fé, encontra-se várias vezes em Bartolomeu de Pisa, no tratado das *Conformidades*, em que ele o aproxima de uma história análoga, cujo cenário teria sido a corte do Rei Frederico II e em que os cortesãos deliberadamente teriam intentado pôr à prova a virtude do santo; cf. *Archivum franciscanum historicum*, 1919, p. 348-349 e 396-397.

meu país e ir ao céu pela graça de Deus, depois de minha morte, conforme a vontade de Deus, eu te enviarei[12] dois dos meus irmãos, dos quais receberás o santo batismo de Cristo e serás salvo, como me revelou meu Senhor Jesus Cristo. E tu, neste espaço, desliga-te de todo impedimento, a fim de que, quando chegar a ti a graça de Deus, te encontre preparado em fé e devoção". E assim prometeu fazer e fez. Isto feito, São Francisco retornou com aquele venerável colégio de seus santos companheiros; e depois de alguns anos São Francisco, pela morte corporal, restituiu a alma a Deus. E o sultão adoecendo espera a promessa de São Francisco e faz postar guardas em certas passagens, ordenando que, se dois frades aparecessem com o hábito de São Francisco, imediatamente fossem conduzidos a ele. Naquele tempo apareceu São Francisco a dois frades e ordenou-lhes que sem demora fossem ao sultão e procurassem a salvação dele, segundo lhe havia prometido. Os quais frades imediatamente partiram e, atravessando o mar, pelos ditos guardas foram levados ao sultão. E vendo-os, o sultão teve grandíssima alegria e disse: "Agora sei, na verdade,

---

12 A troca de *vós* por *tu* se deve sem dúvida a uma distração do tradutor italiano, a menos que o *vós* se refira ao sultão e a seu povo, o que parece menos provável; cf. cap. 43.

que Deus me mandou os seus servos para a minha salvação, conforme a promessa que me fez São Francisco por divina revelação". Recebendo, pois, a informação da fé cristã, e o santo batismo dos ditos frades, assim regenerado em Cristo, morreu daquela enfermidade, e sua alma foi salva pelos méritos e operação de São Francisco.

Capítulo 25 – Como São Francisco miraculosamente curou o leproso de alma e corpo; e o que a alma lhe disse subindo ao céu

O verdadeiro discípulo de Cristo, monsior São Francisco, vivendo nesta miserável vida, com todo seu esforço se empenhava em seguir a Cristo perfeito mestre; de onde advinha frequentes vezes, por divina inspiração, que, de quem ele sarava o corpo, Deus na mesma hora lhe sarava a alma, tal como se lê de Cristo. Pelo que servia não só voluntariamente os leprosos, mas havia também ordenado que os frades de sua Ordem, andando ou parando pelo mundo, servissem aos leprosos pelo amor de Cristo, o qual quis por nós ser considerado leproso; adveio em um lugar próximo ao em que morava São Francisco, servirem os frades em um hospital a leprosos e enfermos, no qual havia um leproso tão impaciente e insuportável e arrogante que cada um acreditava certamente, e assim o era, estar possuído do demônio. Porque aviltava com palavras e pancadas tão cruelmente a quem o servisse e, o que era pior, com ultrajes blasfemava contra Cristo bendito e sua Santíssima Mãe, a Virgem Maria, que por nenhum preço se encontrava quem o pudesse ou quisesse servir. E ainda que os frades procurassem suportar pacientemente as injúrias e vilanias para aumentar o mérito da paciência, no entanto não podiam em sua consciência sofrê-las contra Cristo e sua mãe, resolvendo por isso abandonar o dito leproso; mas não o quiseram fazer sem falar antes, conforme a Regra, com São Francisco, o qual vivia então em um convento próximo dali. E tendo-lho explicado, São Francisco foi procurar aquele leproso perverso; e aproximando-se dele, saúda-o, dizendo: "Deus te dê a paz[13], irmão meu caríssimo". Respondeu o leproso com arrebatamento: "E que paz posso ter

---

13 As primeiras palavras de suas pregações em Assis, no começo, quando ainda não tinha nenhum discípulo, eram: "Que o Senhor vos dê a paz!" (1Cel 23). Esta saudação, diz ele mesmo em seu Testamento, lhe fora revelada pelo Senhor. E sobre o seu mais antigo retrato, o do Sacro Specco de Subiaco, Francisco segura na mão um rolo em que se lê: PAX HVIC DOMVI, paz a esta casa.

eu de Deus que me tirou a paz e todos os bens e me fez todo podre e asqueroso?" E São Francisco disse: "Filho, tem paciência; porque as enfermidades do corpo nos são dadas por Deus neste mundo para a salvação da alma, pois são de grande mérito quando suportadas em paz". Responde o enfermo: "E como posso suportar com paciência o tormento contínuo que me aflige de dia e de noite? E não somente me aflige essa enfermidade, mas muito pior fazem os teus frades que me deste para me servir, e não me servem como devem". Então São Francisco, conhecendo pela divina revelação que este leproso estava possuído do espírito mau, foi e se pôs em oração e suplicou devotamente a Deus por ele. E terminada a oração, volta a ele e diz-lhe: "Filho, quero servir-te eu, porque não estás contente com os outros". "Está bem, disse o enfermo; que me podes fazer mais do que os outros?" Responde São Francisco: "Farei o que quiseres". Disse o leproso: "Quero que me laves todo o corpo; porque tenho cheiro tão ruim, que nem mesmo eu posso me suportar". Então São Francisco mandou ferver água com muitas ervas aromáticas; depois lhe tira a roupa e começa a lavá-lo com as suas mãos, enquanto outro irmão punha-lhe água em cima. E por divino milagre, onde São Francisco tocava com suas mãos, desaparecia a lepra, e a carne ficava perfeitamente curada. E quando começou a carne a sarar, também começou a alma a sarar; donde o leproso, vendo-se começar a curar, começou a ter grande compunção e arrependimento dos seus pecados e a chorar amarissimamente; de modo que, enquanto o corpo se limpava por fora da lepra pela lavagem com água, a alma se limpava por dentro do pecado pela contrição e pelas lágrimas. E ficando completamente sarado quanto ao corpo e quanto à alma, humildemente reconheceu sua culpa e disse, chorando em altas vozes: "Ai de mim, que sou digno do inferno pelas vilanias e injúrias que fiz e disse aos frades e pela impaciência e pelas blasfêmias que disse contra Deus". E perseverou por quinze dias em amargo pranto por seus pecados e em pedir misericórdia a Deus, confessando-se ao padre inteiramente. E São Francisco, vendo um milagre tão expressivo, o qual Deus tinha operado pelas mãos dele, agradeceu a Deus e partiu-se, indo daí a terras muito distantes. Porque por humildade queria fugir de toda a glória humana, e em todas as suas operações só procurava a honra e a glória de Deus e não a própria. Pois, como foi do agrado de Deus, o dito leproso, curado do corpo e da alma, após quinze dias de penitência, enfermou de outra enfermidade; e armado com os santos sacramentos da santa madre Igreja, morreu santamente; e sua alma, indo ao paraíso, apareceu nos ares a São Francisco, que estava em uma selva em oração, e disse-lhe: "Reconheces-me?" "Quem és?", disse São Francisco. E ele disse: "Sou o leproso, o qual Cristo bendito sarou por teus méritos, e hoje vou à vida eterna, pelo que rendo graças a Deus e a ti. Bendito sejam tua alma e teu corpo e benditas as tuas palavras e obras, porque por ti muitas almas se salvarão no mundo; e saibas que não há dia no mundo no qual os santos anjos e os outros santos não deem graças a Deus pelos santos frutos que tu e a Ordem tua fazeis em diversas partes do mundo: e, portanto, toma coragem e agradece a Deus e fica com a sua bênção". E ditas estas palavras subiu para o céu; e São Francisco ficou muito consolado. Em louvor de Cristo. Amém.

Capítulo 26 – Como São Francisco converteu três ladrões homicidas, e se fizeram frades; e da nobilíssima visão que viu um deles, o qual foi santíssimo frade

São Francisco foi uma vez pelo deserto do burgo do Santo Sepulcro, e passando por um castelo que se chama Monte Casal, veio ter com ele um jovem nobre e delicado e disse-lhe: "Pai, tenho muita vontade de ser um dos vossos frades". Respondeu São Francisco: "Filho, és jovem, delicado e nobre, talvez não possas suportar a pobreza e a aspereza nossas". E ele disse: "Pai, não sois homem como eu? Como as suportais vós, assim o poderei com a graça de Cristo". Agradou muito a São Francisco esta resposta, pelo que, bendizendo-o, imediatamente o recebeu na Ordem e lhe pôs o nome de Frei Ângelo. E portou-se este jovem tão graciosamente que pouco tempo depois São Francisco o fez guardião do convento chamado Monte Casal. Naquele tempo frequentavam a região três famosos ladrões, os quais faziam aí muito mal; os quais vieram um dia ao dito convento dos frades e pediram ao dito Frei Ângelo que lhes desse de comer. O guardião respondeu-lhes deste modo, repreendendo-os asperamente: "Vós, ladrões e cruéis homicidas, não vos envergonhais de roubar as fadigas dos outros; mas ainda, como presunçosos e impudentes, quereis devorar as que são mandadas aos servos de Deus; que não sois talvez dignos de que a terra vos sustente; porque não tendes nenhuma reverência aos homens e a Deus que vos criou. Ide cuidar de vossa vida e não me apareçais outra vez". Pelo que eles perturbados se partiram com grande raiva. E eis que São Francisco chega de fora com um saco de pães e um vaso de vinho que ele e o companheiro tinham esmolado; e contando-lhe o guardião como os havia expulsado, São Francisco fortemente o repreendeu, dizendo-lhe: "Tu te comportaste cruelmente, porque melhor se levam os pecadores a Deus com doçura do que com cruéis repreensões; donde nosso mestre Jesus Cristo, cujo Evangelho prometemos observar, disse que os sãos não têm necessidade de médico, mas os enfermos; e que não tinha vindo para chamar à penitência os justos, mas os pecadores; e por isso ele frequentes vezes comia com eles. E porque obraste contra a caridade e contra o Santo Evangelho de Cristo, ordeno-te pela santa obediência que imediatamente apanhes este saco de pães e este vaso de vinho, e que vás atrás deles solicitamente por montes e por vales até os encontrar, e lhes apresentes de minha parte todo este pão que mendiguei e este vinho; e depois te ajoelhes diante deles, dizendo-lhes humildemente toda a culpa de tua crueldade; e depois lhes rogues de minha parte que não mais façam mal, mas temam a Deus e não ofendam ao próximo: e, se eles fizerem isso, prometo de prover-lhes em suas necessidades e de dar-lhes continuamente de comer e de beber. E quando isto lhes tiveres dito, volta aqui humildemente". Enquanto o dito guardião foi cumprir o mandado de São Francisco, ele se pôs em oração e pedia a Deus que abrandasse os corações daqueles ladrões e os convertesse à penitência. Aproximou-se deles o obediente guardião e apresentou-lhes o pão e o vinho; e fez e disse o que São Francisco lhe impôs. E como prouve a Deus, comendo aqueles ladrões a esmola de São Francisco, juntos começaram a dizer: "Ai de nós, míseros desventurados! Que duras penas do inferno nos esperam, que vamos não somente roubando o próximo e batendo e ferindo, e ainda mais matando; e, no entanto, por tantos males e tão celeradas coisas que fizemos, nenhum remorso de consciência nem temor de Deus sentimos. E eis que este santo frade vem a nós e por algumas palavras que nos disse justamente por causa de nossas malícias, nos disse humildemente a sua culpa; e, além disso, nos trouxe pão e vinho e tal liberal promessa do santo pai. Verdadeiramente esses frades são santos de Deus, os quais merecem o paraíso; e nós somos filhos da eterna danação, e merecemos as penas do inferno e cada dia aumentamos nossa perdição, e não sabemos se, pelos pecados que temos cometido até hoje, acharemos a misericórdia de Deus". Estas, e semelhantes palavras disse um deles, e os outros disseram: "Certamente dizes a verdade: mas que devemos fazer?" "Vamos, disse este, a São Francisco; e se ele nos der esperança de que podemos achar misericórdia em Deus de nossos pecados, façamos o que ele mandar, e possamos livrar as nossas almas das penas do inferno". Este conselho agradou aos outros, e os três de acordo se dirigiram logo a São Francisco e disseram-lhe assim: "Pai, nós, por muitos celerados pecados que cometemos, não cremos poder achar misericórdia em Deus, mas, se tiveres alguma esperança que Deus nos receba em sua misericórdia, eis-nos, estamos prontos a fazer o que disseres e fazer penitência contigo". Então São Francisco, recebendo-os caritativamente e com benignidade, confortou-os com muitos exemplos; e os deixando certos da misericórdia de Deus, prometeu-lhes alcançá-la de Deus, mostrando-lhes que a misericórdia de Deus é infinita; e se nós tivéssemos infinitos pecados, ainda a misericórdia de Deus é maior, segundo o Evangelho; e o apóstolo São Paulo disse: "Cristo bendito veio a este mundo para resgatar os pecadores". Por quais palavras e semelhantes ensinamentos os ditos três ladrões renunciaram ao demônio e às suas operações, e São Francisco os recebeu na Ordem, e começaram a fazer grande penitência; dois deles pouco viveram após a conversão e foram ao paraíso. Mas o terceiro, sobrevivendo e repensando em seus pecados, deu-se a fazer tal penitência que, durante quinze anos contínuos, exceto as Quaresmas comuns, as quais fazia com os outros frades o resto do tempo, sempre três dias na semana jejuava a pão e água, andava sempre descalço e só trazia uma túnica às costas, e nunca dormia depois de Matinas. Por esse tempo São Francisco passou desta mísera vida. Tendo, pois, ele continuado por muitos anos com tal penitência, eis que uma noite, após Matinas, veio-lhe tanta tentação de sono que por maneira nenhuma podia resistir ao sono e vigiar como soía. Finalmente, não podendo resistir ao sono nem orar, foi ao leito para dormir; e, logo que repousou a cabeça, foi arrebatado e levado em espírito a um monte altíssimo no qual havia um abismo profundíssimo, e daqui e dali penhascos lascados e aguçados e escolhos desiguais sobressaíam dos rochedos; e o aspecto deste abismo era medonho de ver-se. E o anjo que conduzia esse frade o empurrou e o lançou por este abismo abaixo, o qual, entrechocando-se e espedaçando-se de escolho em escolho, chegou por fim ao fundo do abismo desmantelado e pulverizado, conforme lhe parecia; e jazendo mal-acomodado no chão, disse-lhe aquele que o conduzia: "Levanta-te, que é preciso fazer ainda viagem maior". Respondeu-lhe o frade: "Pareces-me muito indiscreto e cruel homem, porque me vês a morrer da queda que me fez em pedaços e me dizes: 'Levanta-te'". E o anjo, aproximando-se dele e tocando-lhe os membros, os sarou perfeitamente a todos e o curou. E depois lhe mostrou uma planície cheia de pedras agudas e cortantes e de espinhos e de abrolhos, e disse-lhe que por toda aquela planura lhe era necessário passar a pés nus até que chegasse ao fim, no qual se via uma fornalha ardente em que devia entrar. E havendo o frade atravessado toda aquela planície com grande agonia e pena, o anjo lhe disse: "Entra nessa fornalha, porque isto te convém fazer". Respondeu ele: "Ai de mim, quanto me tens sido cruel guia, que me vês quase morto por causa desta angustiosa planície, e agora, para repouso, me mandas entrar nesta fornalha ardente!" E olhando ele viu em torno à fornalha muitos demônios com forcados de ferro nas mãos, com os quais, porque ele hesitava em entrar, o atiraram dentro subitamente. Entrado que foi na fornalha, olha e vê um que fora seu compadre, o qual ardia inteiramente, e lhe perguntou: "Ó compadre desventurado, como vieste aqui?" E ele respondeu: "Segue um pouco mais adiante e acharás minha mulher, tua comadre, a qual te dirá a causa da nossa danação". Indo o frade um pouco além, eis que aparece a dita comadre toda abrasada e metida numa medida de trigo toda de fogo; e ele lhe perguntou: "Ó comadre desventurada e mísera, por que vieste a um tão cruel tormento?" E ela lhe respondeu: "Porque no tempo da grande fome, a qual São Francisco havia predito, meu marido e eu falsificávamos o trigo e a aveia que vendíamos nesta medida, por isso me abraso dentro desta medida". E ditas estas palavras, o anjo que conduzia o frade tirou-o da fornalha e depois lhe disse: "Prepara-te para uma horrível viagem que tens de fazer". E ele se lamentava dizendo: "Ó duríssimo condutor, que não tens compaixão de mim! Vês que estou quase todo queimado da fornalha e ainda me queres levar a uma viagem perigosa". Então o anjo o tocou e ele ficou são e forte, depois o levou para uma ponte que se não podia atravessar sem grande perigo; porque ela era muito frágil e estreita, muito escorregadia e sem parapeito, e embaixo passava um rio terrível, cheio de serpentes e de dragões e de escorpiões, e lançava um grandíssimo fedor; e o anjo lhe disse: "Passa por esta ponte, que por tudo te convém passar". Respondeu ele: "E como poderei passar sem cair neste perigoso rio?" Disse o anjo: "Vem atrás de mim e põe o pé onde vires que ponho o meu, e assim passarás bem". Passou este frade atrás do anjo, como lhe havia ensinado, até ao meio da ponte; e estando assim no meio, o anjo voou e partindo-se dele foi para um monte altíssimo, muito longe da ponte. E ele considerou bem o lugar para onde o anjo voara; mas ficando sem guia e olhando para baixo, via aqueles animais tão terríveis com as cabeças fora da água e com as bocas abertas, prontos para devorá-lo se caísse; e estava com tanto temor que não sabia o que fazer ou o que dizer; porque não podia voltar atrás ou seguir adiante. Pelo que, vendo-se em tal tribulação e que não tinha outro refúgio senão em Deus, debruçou-se e abraçou a ponte e com todo o coração e com lágrimas recomendou-se a Deus que pela sua santíssima misericórdia o quisesse socorrer. E feita a oração pareceu-lhe que lhe começavam a nascer asas; pelo que com grande alegria esperava que elas crescessem, para poder voar além da ponte aonde voara o anjo. Mas, depois de algum tempo, pelo grande desejo que tinha de passar a ponte, pôs-se a voar; e porque as asas não estavam bastante crescidas, caiu sobre a ponte e as penas lhe caíram, pelo que de novo se abraçou com a ponte, como antes, e recomendou-se a Deus. E terminada a oração, ainda lhe pareceu ter asas; e como da primeira vez, não esperou que elas crescessem perfeitamente; por isso, metendo-se a voar antes do tempo, caiu ainda sobre a ponte e as penas lhe caíram. Vendo assim que caía pela pressa de voar antes do tempo, começou a dizer consigo mesmo: "Na verdade, se tiver asas terceira vez, esperarei que elas estejam tão grandes até poder voar sem cair". E estando a pensar assim, viu-se a terceira vez com asas; e esperou muito tempo até que elas ficaram bem grandes, e pareceu-lhe que, pelo primeiro e segundo e terceiro crescimento de asas, tinha esperado bem cento e cinquenta anos ou mais. Finalmente levanta-se pela terceira vez com todo o esforço, toma o voo e voou para o alto ao lugar aonde tinha voado o anjo e, batendo à porta do palácio em que ele estava, o porteiro perguntou-lhe: "Quem és tu que vieste aqui?" Respondeu ele: "Eu sou frade menor". Disse o porteiro: "Espera, que eu vou chamar São Francisco para ver se te conhece". Indo aquele a São Francisco, ele começou a olhar as maravilhosas paredes do palácio; e eis, lhe pareciam aquelas paredes transluzirem tanta claridade, e ele via claramente os coros dos santos e o que dentro se fazia. E estando ele estupefato a olhar assim, eis que vêm São Francisco e Frei Bernardo e Frei Egídio e, atrás deles, tal multidão de santos e santas que tinham seguido a vida deles que quase parecia inumerável. Chegando, disse São Francisco ao porteiro: "Deixa-o entrar, porque ele é dos meus frades". E, logo que entrou, sentiu tanta consolação e tanta doçura que esqueceu todas as tribulações que tinha tido, como se não houvessem existido. E então São Francisco, levando-o para dentro, mostrou-lhe muitas coisas maravilhosas e depois lhe disse: "Filho, é necessário que voltes ao mundo e aí ficarás sete dias, durante os quais te prepararás diligentemente com toda a devoção; porque, depois de sete dias, eu irei por ti, e então virás comigo para este lugar de bem-aventurados". E São Francisco trazia um manto maravilhoso adornado de estrelas belíssimas, e seus cinco estigmas eram como cinco estrelas belíssimas e de tanto esplendor que iluminavam todo o palácio com seus raios. E Frei Bernardo tinha à cabeça uma coroa de estrelas belíssimas, e Frei Egídio estava adornado de maravilhoso lume; e muitos outros santos frades conheceu, os quais no mundo nunca tinha visto. Despedido, pois, por São Francisco, voltou, ainda que de má vontade, ao mundo. Despertando e estremunhando e voltando a si, os frades tocavam a Prima; de sorte que só tinha durado esta visão entre Matinas e Prima, ainda que lhe parecera durar muitos anos. E contando em ordem ao seu guardião toda essa visão, dentro de sete dias começou a sentir febre, e no oitavo dia veio a ele São Francisco, como lhe prometera, com grandíssima multidão de gloriosos santos e conduziu a alma dele ao reino dos bem-aventurados à vida eterna. Em louvor de Cristo. Amém.

Capítulo 27 – Como São Francisco converteu em Bolonha dois estudantes, e se fizeram frades, e depois um deles se livrou de uma grande tentação

Indo uma vez São Francisco à cidade de Bolonha, todo o povo da cidade correu a vê-lo; e era tal a multidão de povo que com grande trabalho pôde chegar à praça. E estando toda a praça cheia de homens e de mulheres e de estudantes, São Francisco se ergueu no meio deles em um lugar elevado e começou a pregar o que o Espírito Santo lhe ditava; e pregava tão maravilhosamente que antes parecia pregar um anjo do que um homem e pareciam as suas palavras celestiais a modo de setas agudas, as quais transpassavam tanto os corações dos que o ouviam que por aquela prédica grande multidão de homens e mulheres se converteu à penitência. Entre os quais estavam dois nobres estudantes da Marca de Ancona; um se chamava Peregrino e outro Riccieri; os quais dois pela dita prédica tocados no coração por divina inspiração, chegaram-se a São Francisco, dizendo que queriam tudo abandonar no mundo e ser dos seus irmãos. Então São Francisco, conhecendo pela revelação que eles eram mandados por Deus e que na Ordem deviam ter vida santa e considerando-lhes o grande fervor, recebeu-os alegremente, dizendo-lhes: "Tu, Peregrino, seguirás na Ordem a via da humildade, e tu, Riccieri, servirás aos frades". E assim foi; porque Frei Peregrino não quis ser clérigo, mas leigo, ainda que fosse muito letrado e grande canonista, e pela humildade chegou a grande perfeição de virtude, de modo que Frei Bernardo, primogênito de São Francisco, disse dele que era um dos mais perfeitos frades do mundo. E finalmente o dito Frei Peregrino, cheio de virtude, passou desta vida à vida dos bem-

-aventurados, com muitos milagres antes da morte e depois. E o dito Frei Riccieri devota e fielmente serviu aos frades, vivendo em grande santidade e humildade; e tornou-se muito familiar de São Francisco, e muitos segredos lhe revelava São Francisco. E depois, sendo ministro da Província de Marca de Ancona, dirigiu-a muito tempo com grande paz e discrição. Após algum tempo, Deus lhe permitiu uma grande tentação em sua alma; pelo que, atribulado e angustiado, fortemente se afligia com jejuns, com disciplinas, com lágrimas e orações, de dia e de noite, e não podia, no entanto, expulsar aquela tentação; mas, frequentes vezes, ficava em grande desesperação, porque por ela se reputava abandonado de Deus. Estando nessa desesperação, por último remédio resolveu ir a São Francisco, pensando assim: "Se São Francisco me mostrar bom semblante e mostrar familiaridade como costuma, crerei que Deus terá ainda piedade de mim; mas, se não, será sinal de que estou abandonado por Deus". Partiu, pois, e foi a São Francisco, o qual nesse tempo estava no palácio do bispo de Assis, gravemente enfermo; e Deus lhe revelou todo o modo da tentação e da desesperação do dito Frei Riccieri, sua decisão e sua vinda. E, sem demora, São Francisco chama Frei Leão e Frei Masseo e lhes diz: "Ide já ao encontro do meu filho caríssimo Frei Riccieri e abraçai-o por mim e saudai-o e dizei-lhe que entre todos os frades que vivem neste mundo eu o amo singularmente". Estes vão e acham no caminho Frei Riccieri e abraçam-no, dizendo que São Francisco os tinha mandado. Pelo que tal consolação e doçura lhe entraram na alma que quase foi transportado fora de si; e agradecendo a Deus com todo o coração, caminhou e chegou ao lugar onde São Francisco estava enfermo. E ainda que São Francisco estivesse gravemente enfermo, não obstante, sentindo vir Frei Riccieri, levantou-se, foi-lhe ao encontro e abraçou-o dulcissimamente, e assim lhe falou: "Filho meu caríssimo, Frei Riccieri, entre todos os irmãos que estão neste mundo, amo-te singularmente". E dito isto, fez-lhe o sinal da cruz na fronte, beijou-o aí e depois lhe disse: "Filho caríssimo, esta tentação Deus a permitiu para ganhares grande mérito; mas se não quiseres este prêmio, não a tenhas mais". Maravilhosa coisa! Logo que São Francisco disse estas palavras, subitamente dele fugiu toda a tentação, como se em toda a sua vida nunca a tivesse tido, e ficou todo consolado.

Capítulo 28 – De um arroubamento que veio a Frei Bernardo; no qual esteve desde Matinas a Nona, sem que voltasse a si

Quantas graças Deus faz muitas vezes aos pobres evangélicos, os quais pelo amor de Cristo abandonam o mundo, se demonstrou em Frei Bernardo de Quintavalle, o qual, depois que tomou o hábito de São Francisco, era arrebatado frequentes vezes em Deus pela contemplação das coisas celestiais. Sucedeu uma vez entre outras que, estando ele em uma igreja a ouvir missa e ficando com toda a mente suspensa em Deus, permaneceu tão absorto e arroubado em contemplação que, à elevação do corpo de Cristo, nada percebeu nem se ajoelhou nem tirou o capuz como faziam os outros que lá estavam; mas sem bater os olhos, ficou assim com o olhar fixo, insensível, de Matinas a Nona. E após Nona, voltando a si, girava pelo convento, gritando com voz admirada: "Ó irmãos! Ó irmãos! Não há homem nesta terra, por mais nobre e maior, ao qual se lhe fosse prometido um palácio belíssimo cheio de ouro, não lhe fosse possível carregar um saco cheio de esterco para ganhar aquele tesouro tão nobre". A este tesouro celeste, prometido aos amadores de Deus, foi o dito Frei Bernardo tão elevado com a mente que por quinze anos seguidos sempre andou com a mente e com a face levantadas para o céu: e naquele tempo não saciou a fome à mesa, bem que comesse um pouco do que lhe punham em frente, porque dizia que do que o homem não gosta não faz perfeita abstinência; mas a verdadeira abstinência é não usar das coisas que são agradáveis à boca: e com isto chegou a tal clareza e lume de inteligência que mesmo os grandes clérigos recorriam a ele para dar solução a fortíssimas questões e a obscuras passagens da Escritura; e ele lhes esclarecia todas as dificuldades. E porque sua mente estava inteiramente desprendida e abstraída das coisas da terra, ele, como uma andorinha, voava muito alto pela contemplação; pelo que, algumas vezes vinte dias, outras trinta, ficava sozinho nos cumes dos montes altíssimos, contemplando as coisas celestiais. Por este motivo, dizia dele Frei Egídio que não era dado aos outros homens este dom que era dado a Frei Bernardo de Quintavalle, a saber, que a voar se sustentava como a andorinha. E por esta excelente graça que tinha de Deus, frequentes vezes São Francisco falava voluntariamente com ele de dia e de noite, donde algumas vezes foram encontrados juntos por toda a noite arroubados em Deus na selva, na qual se haviam recolhido a falar juntos de Deus, o que é bendito *in secula* etc. Amém.

Capítulo 29 – Como o demônio em forma de crucifixo apareceu muitas vezes a Frei Rufino, dizendo-lhe que perdia o bem que praticava por não ser dos eleitos à vida eterna. Do que São Francisco, por uma revelação de Deus, foi advertido e fez reconhecer a Frei Rufino o erro em que tinha acreditado

Frei Rufino, um dos mais nobres homens de Assis e companheiro de São Francisco, homem de grande santidade, foi um tempo fortissimamente combatido e tentado na alma, pelo demônio, sobre a predestinação, de que ele estava todo melancólico e triste; porque o demônio lhe tinha posto no coração que estava danado e não era dos predestinados à vida eterna, e que se perdia o que ele fazia na Ordem. Durando aquela tentação muitos dias, e ele por vergonha não a revelando a São Francisco, sem deixar todavia de fazer as orações e a abstinência de costume; porque o inimigo lhe começou a juntar tristeza sobre tristeza, além da batalha interior, combatendo-o ainda exteriormente com falsas aparições, pelo que de uma vez lhe apareceu em forma de crucifixo e disse-lhe: "Ó Frei Rufino, por que te afliges com penitências e orações, se não és dos predestinados à vida eterna? E crê em mim, porque sei a quem escolhi e predestinei, e não creias no filho de Pedro Bernardone, se ele te disser o contrário, nada lhe perguntes sobre isso, porque nem ele e nem ninguém mais o sabe, senão eu, que sou o filho de Deus; portanto, crê-me com certeza que és do número dos danados; e o filho de Pedro Bernardone, teu pai, e ainda o pai dele são danados e todo aquele que o seguir está danado e enganado". Ditas estas palavras, Frei Rufino começou a ficar entenebrecido pelo príncipe das trevas e já perdia toda a fé e o amor que tinha por São Francisco, cuidando de não lhe dizer nada. Mas o que ao pai santo não disse Frei Rufino, revelou o Espírito Santo. Pelo que São Francisco, vendo em espírito o tal perigo do dito frade, mandou Frei Masseo a ele; ao qual Frei Rufino respondeu: "Que tenho eu que ver com Frei Francisco?" Então Frei Masseo, todo cheio de divina sabedoria, conhecendo a falácia do demônio, disse: "Ó Frei Rufino, não sabes que Frei Francisco é como um anjo de Deus, o qual tem iluminado tantas almas no mundo e do qual recebemos a graça de Deus? Por isso quero que a todo transe vás a ele; porque vejo claramente que estás enganado pelo demônio". E dito isto Frei Rufino levantou-se e foi a São Francisco; e vendo-o vir de longe, São Francisco começou a gritar: "Ó Frei

Rufino mauzinho, em quem acreditaste?" E Frei Rufino aproximando-se, ele lhe disse em ordem toda a tentação que tinha tido do demônio dentro e fora; mostrando-lhe claramente que aquele que lhe havia aparecido fora o demônio e não Cristo, e que por maneira nenhuma ele devia consentir em suas sugestões. "Mas – disse São Francisco – quando o demônio te disser ainda: 'Tu estás danado', responde-lhe: 'Abre a boca que a quero encher de esterco'; e este te seja o sinal de que ele é o demônio e não Cristo, porque, desde que lhe dês tal resposta, imediatamente fugirá. E por isso ainda já devias ter conhecido que ele era o demônio, porque te endureceu o coração a todo bem, o que é próprio do seu ofício; mas Cristo bendito nunca endurece o coração do homem fiel, antes o enternece, conforme disse pela boca do profeta: 'Eu vos tomarei o coração de pedra e vos darei um coração de carne'". Então Frei Rufino, vendo que São Francisco lhe dizia assim por ordem todo o modo de sua tentação, compungido por suas palavras começou a chorar fortissimamente e a venerar São Francisco e humildemente reconheceu sua culpa de ter-lhe ocultado a tentação. E assim ficou todo consolado e confortado pelas admonições do pai santo e todo mudado para melhor. Depois finalmente lhe disse São Francisco: "Vai, filho, e confessa-te e não deixes a ocupação da oração costumada e tem como certo que esta tentação é de grande utilidade e consolação, e em breve o experimentarás". Voltou Frei Rufino à sua cela na floresta; e estando com muitas lágrimas em oração, eis que vem o inimigo em figura de Cristo, segundo a aparência exterior, e disse-lhe: "Ó Frei Rufino, não te disse que não confiasses no filho de Pedro Bernardone e que não te fatigasses com lágrimas e orações, porque estás danado? Que te vale afligir-te enquanto estás vivo, se depois que morreres serás danado?" E subitamente Frei Rufino respondeu ao demônio: "Abre a boca, que a quero encher de esterco". Pelo que o demônio enraivecido imediatamente partiu com tanta tempestade e comoção de pedras do Monte Subásio, existente perto dali, que por grande espaço de tempo durou o desabamento das pedras que caíam embaixo; e era tão grande o choque que davam umas nas outras a rolar, que lançavam faíscas horríveis de fogo no vale; e pelo rumor terrível que faziam, São Francisco e os companheiros saíram do convento para ver que novidade era aquela; e ainda se vê ali aquela ruína grandíssima de pedras. Então,

Frei Rufino manifestamente percebeu que havia sido o demônio que o tinha enganado. E voltando a São Francisco, de novo se lançou em terra e reconheceu sua culpa. E São Francisco confortou-o com doces palavras e o mandou consolado à sua cela. Na qual estando em oração devotíssimamente, Cristo bendito lhe apareceu e toda a sua alma inflamou de divino amor e disse: "Bem fizeste, filho, de crer em Frei Francisco, porque aquele que te havia contristado era o demônio; mas eu sou o Cristo teu mestre e, para te dar a certeza, dou-te este sinal: enquanto viveres, não sentirás mais tristeza nenhuma nem melancolia". E dizendo isto Cristo partiu, deixando-o com tanta alegria e doçura de espírito e elevação de mente que passou aquele dia e a noite absorto e arroubado em Deus. E de ora em diante foi tão confirmado em graça e segurança de salvação que se mudou inteiramente em outro homem, e teria ficado dia e noite em oração a contemplar as coisas divinas, se os outros o tivessem deixado. Pelo que dizia dele São Francisco, que Frei Rufino tinha sido canonizado em vida por Jesus Cristo e que na presença ou na ausência dele não duvidava de chamar-lhe São Rufino, bem que fosse ainda vivo na terra. Em louvor de Cristo. Amém.

Capítulo 30 – Da bela prédica que fizeram em Assis, São Francisco e Frei Rufino, quando pregaram nus

Vivia o dito Frei Rufino, pela contemplação contínua, tão absorto em Deus que ficara quase insensível e mudo e raríssimas vezes falava; e também não tinha a graça nem a coragem nem a facúndia de pregar. No entanto, São Francisco uma vez mandou-o que fosse a Assis e pregasse ao povo o que Deus lhe inspirasse. Ao que Frei Rufino respondeu: "Reverendo pai, peço-te que me perdoes e não me mandes lá; porque, como sabes, não tenho a graça de pregar, e sou simples e idiota". Então disse São Francisco: "Por não teres obedecido prontamente, ordeno-te pela santa obediência que nu como nasceste, somente de bragas, vás a Assis, entres numa igreja e assim nu pregues ao povo". A esta ordem Frei Rufino se despe e vai nu a Assis e entra numa igreja; feita a reverência ao altar, subiu ao púlpito e começou a pregar. Pelo que os meninos e os homens começaram a rir e disseram: "Ora, aí está, fazem tanta penitência que se tornam malucos e fora de si". Neste entrementes, São Francisco, repensando na pronta obediência de Frei Rufino, o qual era dos melhores gentis-homens de Assis, e na dura ordem que lhe

dera, começou a repreender a si mesmo, dizendo: "De onde te vem tanta presunção, filho de Pedro Bernardone, vil homenzinho, para ordenares a Frei Rufino, o qual é dos melhores gentis-homens de Assis, que fosse nu pregar ao povo, como um louco? Por Deus, que hás de experimentar em ti o que ordenaste ao outro". E imediatamente no fervor do espírito fica nu do mesmo modo, e vai a Assis e leva consigo a Frei Leão para carregar--lhe o hábito e o de Frei Rufino. Vendo-o da mesma forma, os assisienses escarneciam, reputando que ele e Frei Rufino tivessem endoidecido pelo excesso de penitência. Entrou São Francisco na igreja onde Frei Rufino pregava estas palavras: "Ó caríssimos, fugi do mundo, deixai o pecado, restituí o bem alheio, se quiserdes evitar o inferno; obedecei aos mandamentos de Deus, amando a Deus e ao próximo, se quiserdes ir ao céu. E fazei penitência, se quiserdes possuir o Reino do Céu". Então São Francisco subiu ao púlpito e começou a pregar tão maravilhosamente do desprezo do mundo, da penitência santa, da pobreza voluntária, do desejo do reino celeste e da nudez e do opróbrio da paixão de Nosso Senhor Jesus Cristo que todos os que ouviam a prédica, homens e mulheres grande em multidão, começaram a chorar fortissimamente com incrível devoção e compunção de coração; e não somente ali, mas por toda Assis houve naquele dia tanto choro pela paixão de Cristo como nunca houvera igual. E assim edificado e consolado o povo pelo ato de São Francisco e Frei Rufino, São Francisco vestiu a Frei Rufino, e a si; e assim vestidos voltaram ao Convento da Porciúncula, louvando e glorificando a Deus que lhes havia dado a graça de se vencerem a si mesmos pelo desprezo próprio, e edificarem as ovelhinhas de Cristo com bom exemplo e de demonstrarem quanto o mundo é desprezível. E naquele dia cresceu tanto a devoção do povo para com eles que bendito se considerava quem lhes podia tocar na orla do hábito. Em louvor de Cristo. Amém.

Capítulo 31 – Como São Francisco conhecia os segredos das consciências de todos os seus irmãos, um por um

Como Nosso Senhor Jesus Cristo disse no Evangelho: "Eu conheço as minhas ovelhas, e elas me conhecem" etc., assim o bem-aventurado pai São Francisco, como bom pastor, sabia por divina revelação de todos os méritos e virtudes de seus companheiros, e assim conhecia seus defeitos; razão pela qual ele sabia prover com ótimo remédio, isto é, humilhando os soberbos e exaltando os humildes, vituperando os vícios, louvando as virtudes; como se lê nas admiráveis revelações que tivera daquela sua primitiva família. Entre as quais se fala que uma vez, estando São Francisco com a dita família em um convento a tratar de Deus, e Frei Rufino não estando com eles naquela conversação, mas estava na floresta em contemplação; continuando a conversação sobre Deus, eis que Frei Rufino sai da floresta e passa um pouco diante deles. Então São Francisco, vendo-o, voltou-se para os companheiros e lhes perguntou, dizendo-lhes: "Dizei-me qual acreditais que seja a mais santa alma, a qual Deus tenha agora no mundo?" E respondendo-lhe acreditarem que fosse a dele, São Francisco lhes disse: "Caríssimos irmãos, eu próprio sou o homem mais indigno e mais vil que Deus tem neste mundo; mas vedes aquele Frei Rufino, o qual sai agora da floresta? Deus me revelou que a alma dele é uma das três mais santas almas que Deus tem neste mundo; e firmemente vos digo que não duvidarei de chamar-lhe em vida São Rufino, porque sua alma está confirmada em graça e santificada e canonizada no céu por Nosso Senhor Jesus Cristo". E estas palavras não dizia São Francisco em presença do dito Frei Rufino. Igualmente, como São Francisco conhecia os defeitos de seus frades, compreende-se claramente em Frei Elias, ao qual muitas vezes repreendia pela sua soberba, e em Frei João da Capela, ao qual predisse que se devia enforcar, e naquele frade a quem o demônio apertava a garganta ao ser repreendido por desobediência, e em muitos outros frades, cujos defeitos ocultos e virtudes conhecia pela revelação de Cristo bendito. Amém.

Capítulo 32 – Como Frei Masseo impetrou de Cristo a virtude da humildade

Os primeiros companheiros de São Francisco empenharam-se com todo o esforço em ser pobres das coisas terrenas e ricos das virtudes pelas quais se chega às verdadeiras riquezas celestiais e eternas. Sucedeu um dia que, estando juntos a falar de Deus, um deles disse este exemplo: "Havia um homem que era grande amigo de Deus e tinha grande graça de vida ativa e contemplativa, e com isto tinha tão excessiva e tão profunda humildade que se reputava grandíssimo pecador, a qual humildade o santificava e confirmava em graça e fazia-o continuamente crescer em virtude e dons de Deus, e não o deixava jamais cair em pecado". Ouvindo Frei Masseo tão maravilhosas coisas da humildade e conhecendo que ela era um tesouro de vida eterna, começou a ficar tão inflamado de amor e desejoso desta virtude da humildade que, com grande fervor, levantando a face para o céu, fez voto e firmíssimo propósito de não mais se alegrar neste mundo enquanto não sentisse a dita virtude perfeitamente em sua alma. E desde então estava quase continuadamente encerrado na cela, macerando-se com jejuns, vigílias e grandíssimos prantos diante de Deus, para impetrar dele esta virtude sem a qual se reputava digno do inferno, e da qual aquele amigo de Deus, de quem lhe havia falado, era tão bem-dotado. E ficando Frei Masseo por muitos dias com este desejo, adveio que um dia entrou na floresta e, no fervor do espírito, andava por ela derramando lágrimas, suspirando e falando, pedindo a Deus com fervorosos desejos esta virtude divina. E porque Deus de boa vontade ouve as orações dos humildes e contritos, estando assim Frei Masseo, veio uma voz do céu, a qual chamou duas vezes: "Frei Masseo, Frei Masseo"; e ele conhecendo, em espírito, que aquela era a voz de Cristo, respondeu: "Senhor meu, Senhor meu".

E Cristo a ele: "Que queres dar para ter esta graça que pedes?" Respondeu Frei Masseo: "Senhor, quero dar os olhos do meu rosto". E Cristo a ele: "E eu quero que tenhas a graça e também teus olhos". E dito isto, a voz desapareceu, e Frei Masseo ficou cheio de tanta graça da desejada virtude da humildade e do lume de Deus que daí em diante estava sempre em júbilo; e frequentes vezes, quando orava, soltava um murmúrio de júbilo com um som abafado, à semelhança das pombas: "Hu, hu, hu"; e com semblante alegre e coração jucundo, ficava assim em contemplação; e com isto, tendo-se tornado humilíssimo, se reputava o mínimo de todos os homens do mundo. E perguntado por Frei Tiago de Fallerone por que em seu júbilo não mudava o canto, respondeu com grande letícia que, quando em uma coisa se encontra todo o bem, não é preciso trocá-la por outra. Em louvor de Cristo. Amém.

Capítulo 33 – Como Santa Clara, por ordem do papa, benzeu o pão que estava na mesa, pelo que em cada pão apareceu o sinal da santa cruz

Santa Clara, devotíssima discípula da cruz de Cristo e nobre planta de monsior São Francisco, era de tanta santidade, que não somente os bispos

e os cardeais, mas o próprio papa desejava com grande afeto vê-la e ouvi-la e frequentes vezes a visitava pessoalmente. Entre outras veio o padre santo uma vez ao mosteiro dela para ouvi-la falar das coisas celestiais e divinas; e estando assim juntos em divinos colóquios, Santa Clara mandou no entanto preparar a mesa e pôr nela o pão, a fim de que o santo padre o benzesse. Pelo que, terminado o entretenimento espiritual, Santa Clara, ajoelhando-se com grande reverência, pediu-lhe que se dignasse benzer o pão posto na mesa. Responde o santo padre: "Soror Clara fidelíssima, quero que benzas este pão e faças sobre ele o sinal da cruz de Cristo ao qual te deste inteiramente". Santa Clara disse: "Santíssimo padre, perdoai-me; que eu seria digna de muito grande repreensão se, diante do vigário de Cristo, eu, que sou uma vil mulherzinha, tivesse a presunção de dar tal bênção". E o papa responde: "A fim de que isto não seja imputado à presunção, mas ao mérito de obediência, ordeno-te pela santa obediência que sobre este pão faças o sinal da cruz e o benzas em nome de Deus". Então Santa Clara, como verdadeira filha da obediência, aqueles pães devotissimamente benzeu com o sinal da santa cruz. Admirável coisa de ver-se! Subitamente em todos aqueles pães apareceu o sinal da cruz belissimamente gravado, e então daqueles pães uma parte foi comida e a outra conservada por causa do milagre. E o santo padre, tendo visto o milagre, tomando do dito pão e agradecendo a Deus, partiu-se deixando Santa Clara com a sua bênção. Naquele tempo vivia naquele mosteiro Soror Hortolana, mãe de Santa Clara, e Soror Inês, sua irmã; ambas, com Santa Clara, cheias de virtude e de Espírito Santo, e com muitas outras santas religiosas. Às quais mandava São Francisco muitos enfermos; e elas com as suas orações e com o sinal da santa cruz a todos restituíam a saúde. Em louvor de Cristo. Amém.

Capítulo 34 – Como São Luís, rei de França, em pessoa, com o hábito de peregrino, foi a Perusa visitar o santo Frei Egídio

Indo São Luís, rei de França, em peregrinação visitar os santuários pelo mundo e ouvindo a fama grandíssima da santidade de Frei Egídio, o qual fora dos primeiros companheiros de São Francisco, pôs no coração e determinou por tudo visitá-lo pessoalmente. Pela qual coisa veio a Perusa, onde habitava então o dito Frei Egídio. E chegando à porta do convento dos frades, como um pobre peregrino desconhecido com poucos companheiros, chamou com grande insistência por Frei Egídio, nada dizendo ao porteiro sobre quem fosse aquele que o chamava. Foi, pois, o porteiro a Frei Egídio e disse-lhe que à porta havia um peregrino que o procurava, e por Deus lhe foi revelado em espírito que aquele era o rei de França; pelo que subitamente ele com grande fervor sai da cela e corre à porta e sem mais pergunta, ou sem que jamais tivessem estado juntos, com grandíssima devoção ajoelhando-se abraçaram-se e beijaram-se com tanta familiaridade como se há longo tempo tivessem tido grande amizade. No entanto, nenhum falava com o outro, mas estavam assim abraçados em silêncio com aqueles sinais de amor caritativo. E ficando como ficaram por grande espaço de tempo por esta forma, sem dizer palavra, partiram-se um do outro; e São Luís continuou sua viagem e Frei Egídio voltou à sua cela. Partindo o rei, um frade perguntou a algum dos seus companheiros quem era aquele que se tinha abraçado tanto com Frei Egídio; e ele respondeu que era Luís, rei de França, o qual tinha vindo para ver Frei Egídio. O que dizendo este frade aos outros irmãos, houveram eles grande melancolia, porque Frei Egídio não lhe tinha dito palavra; e lamentando-se lhe disseram: "Ó Frei Egídio, por que foste tão vilão, que a um tão grande rei, o qual veio de

França para ver-te e para ouvir alguma boa palavra, não dissette nada?" Respondeu Frei Egídio: "Caríssimos irmãos, não vos maravilheis por isto; porque nem ele a mim nem eu a ele podia dirigir palavra, pois logo que nos abraçamos a luz da divina sapiência revelou e manifestou a mim o coração dele e a ele o meu; e assim por operação divina olhando nos corações, o que eu queria dizer-lhe e ele a mim muito melhor ficamos conhecendo do que se o tivéssemos falado com a boca, e com maior consolação, e se nos quiséssemos explicar com a voz o que sentíamos no coração, pelo defeito da língua, a qual não pode claramente exprimir os mistérios secretos de Deus, isso nos teria sido, antes, desconsolo do que consolação. E, portanto, tende como certo que de mim se partiu o rei admiravelmente consolado". Em louvor de Cristo. Amém.

Capítulo 35 – Como, estando enferma, Santa Clara foi miraculosamente transportada, na noite de Natal, à igreja de São Francisco e aí assistiu ao ofício

Estando uma vez Santa Clara gravemente enferma, tanto que não podia ir dizer o ofício na igreja com as outras freiras, chegando a Solenidade da Natividade de Cristo, todas as outras foram a Matinas; e ela ficou sozinha no leito, malcontente por não poder juntamente com as outras ir e ter aquela consolação espiritual. Mas Jesus Cristo, seu esposo, não querendo deixá-la assim descon-solada, fê-la miraculosamente transportar à igre-ja de São Francisco e assistir a todo o ofício e à missa da meia-noite; e além disto, receber a santa comunhão e depois ser trazida ao leito. Voltando as freiras para junto de Santa Clara, acabado o ofi-cio em São Damião, disseram-lhe: "Ó nossa mãe, Soror Clara, que grande consolação tivemos nesta noite de santa Natividade! Prouvesse a Deus que houvésseis estado conosco!" E Santa Clara res-ponde: "Graças e louvores rendo ao meu Senhor Cristo bendito, irmãs minhas e filhas caríssimas; porque a todas as solenidades desta santíssima noite e maiores do que as que assististes, assisti eu com muita consolação de minha alma; porque, por procuração do meu pai São Francisco e pela graça de meu Senhor Jesus Cristo, estive presente na igreja do meu pai São Francisco; e com as mi-nhas orelhas corporais e mentais ouvi o canto e o som dos órgãos que aí tocaram; e lá mesmo recebi a santa comunhão. E por tanta graça a mim con-cedida rejubilai-vos e agradecei a Nosso Senhor Jesus Cristo". Amém.

Capítulo 36 – Como São Francisco explicou a Frei Leão uma bela visão que este havia visto

Uma vez em que São Francisco estava gravemente enfermo e Frei Leão o servia, o dito Frei Leão, estando em oração perto de São Francisco, foi arrebatado em êxtase e levado em espírito a um rio grandíssimo, largo e impetuoso. E estando a olhar quem o atravessava, viu alguns frades carregados entrar naquele rio, os quais eram subitamente abatidos pela impetuosidade da corrente e se afogavam, outros iam até um terço, outros até ao meio do rio, outros ainda até à outra margem; todos, no entanto, pela impetuosidade do rio e pelo peso que levavam às costas, finalmente caíam e se afogavam. Vendo isto, Frei Leão tinha deles grande compaixão, mas subitamente, estando assim, eis que vem uma grande multidão de frades sem nenhuma carga ou peso de coisa nenhuma, nos quais reluzia a santa pobreza; e entraram no rio e passaram além sem nenhum perigo. E vendo isto, Frei Leão voltou a si. E então São Francisco, sentindo em espírito que Frei Leão tinha visto alguma visão, chamou-o a si e perguntou-lhe que era o que tinha visto; e logo que lhe disse Frei Leão, por ordem, toda a visão que tivera, disse São Francisco: "O que viste é verdade. O grande rio é

este mundo; os frades que se afogavam no rio são os que não seguem a profissão evangélica e especialmente quanto à altíssima pobreza; mas os que sem perigo passaram são aqueles frades que nenhuma coisa terrena nem carnal buscam nem possuem neste mundo; mas, tendo somente o viver moderado e o que vestir, estão contentes em seguir ao Cristo nu na cruz; e o peso e o jugo manso de Cristo e da santa obediência levam alegre e voluntariamente; e assim facilmente da vida temporal passam à vida eterna".

Capítulo 37 – Como Jesus Cristo bendito, a pedido de São Francisco, fez converter-se um rico e gentil cavaleiro e fazer-se frade, o qual tinha feito grande honra e oferendas a São Francisco

São Francisco, servo de Cristo, indo uma vez à tarde à casa de um grande gentil-homem poderoso, foi por ele recebido e hospedado, com o companheiro, como anjos do paraíso, com grandíssima cortesia e devoção. Pelo que São Francisco lhe tomou grande amor, considerando que ao entrar em casa o tinha abraçado e beijado amigavelmente, e depois lhe havia lavado os pés e acendido um grande fogo e preparado a mesa com muito boas iguarias; e enquanto comiam, ele com semblante alegre os servia continuamente. Ora, tendo acabado de comer São Francisco e o companheiro, disse este gentil-homem: "Eis, meu pai, ofereço-me a vós e as minhas coisas; quando precisardes de túnica ou de manto ou de outra coisa qualquer, comprai que eu pagarei; e vede que estou pronto a prover-vos em todas as vossas necessidades, porque pela graça de Deus eu o posso, porquanto tenho em abundância todos os bens temporais, e por amor a Deus que mos deu, eu os dou de boa vontade aos seus pobres". Pelo que, vendo São Francisco tanta cortesia e afabilidade nele e os grandes oferecimentos, concebeu tanto amor por ele que, tendo depois partido, ia dizendo ao seu companheiro: "Em verdade este gentil-homem seria bom para a nossa companhia, o qual é tão grato e reconhecido para com Deus e tão amorável e cortês para com o próximo e os pobres. Deves saber, irmão caríssimo, que a cortesia é uma das propriedades de Deus, o qual dá seu sol e sua chuva aos justos e aos injustos por cortesia, e a cortesia é a irmã da caridade, a qual extingue o ódio e conserva o amor. E porque reconheci neste bom homem tanta virtude divina, de boa vontade o quereria por companheiro; por isso, quero que tornemos um dia a ele, se talvez Deus lhe tocar o coração e ele quiser ser nosso companheiro no serviço de Deus; e, entretanto, pediremos a Deus que lhe ponha no coração este desejo e lhe dê a graça de pô-lo em prática". Admirável coisa! Daí a poucos dias, feita que foi a oração por São Francisco, Deus pôs o desejo no coração daquele gentil-homem; e disse São Francisco ao companheiro: "Vamos, irmão meu, ao homem cortês; porque tenho certa esperança em Deus de que, com a sua cortesia das coisas temporais, ele se dará a si mesmo para nosso companheiro". E foram, e chegando perto da casa dele, disse São Francisco ao companheiro: "Espera-me um pouco, porque quero primeiramente pedir a Deus que torne próspero nosso caminho; e que a nobre presa, a qual pensamos de arrancar ao mundo, seja por vontade de Cristo concedida a nós pobrezinhos e débeis pela virtude de sua santíssima paixão". E dito isto pôs-se em oração, num lugar em que pudesse ser visto pelo dito homem cortês; de onde, como prouve a Deus, olhando ele distraído para aqui e para ali, viu São Francisco estar em oração devotissimamente diante de Cristo, o qual com grande caridade lhe aparecera na dita oração e estava diante dele. E via São Francisco ser por bom espaço de tempo levantado da terra corporalmente. Pelo que ele foi tão tocado por Deus e inspirado para deixar o mundo que no mesmo instante saiu do palácio e no fervor de espírito correu para São Francisco e, aproximando-se dele que estava em oração, ajoelhou-se aos seus pés, e com grandíssima instância e devoção rogou-lhe que permitisse recebê-lo para fazer penitência juntamente com ele. Então São Francisco, vendo que sua oração era atendida por Deus e o que ele desejava aquele gentil-homem pedia com instância, pôs-se em pé e em fervor e letícia de espírito o abraça e beija devotamente, agradecendo a Deus, o qual tinha aumentado sua companhia com um tão perfeito cavaleiro. E dizia aquele gentil-homem a São Francisco: "Que ordenas que eu faça, pai meu? Eis, estou pronto para dar aos pobres, por tua ordem, o que possuo e a seguir contigo a Cristo, descarregado de todas as coisas temporais". E assim fez que, segundo a ordem de São Francisco, distribuiu seus bens aos pobres e entrou na Ordem e viveu em grande penitência e santidade de vida e conversação honesta. Em louvor de Cristo. Amém.

Capítulo 38 – Como São Francisco conheceu em espírito que Frei Elias estava danado e devia morrer fora da Ordem: razão por que, a

pedido de Frei Elias, fez oração a Cristo por ele e foi atendido

Habitando uma vez juntos, de família, em um convento, São Francisco e Frei Elias, foi revelado por Deus a São Francisco que Frei Elias estava danado e devia apostatar da Ordem e finalmente morrer fora da Ordem. Pela qual coisa São Francisco concebeu um tal desprazer para com ele, tanto que lhe não falava nem com ele conversava; e se advinha alguma vez que Frei Elias se dirigisse ao seu encontro, ele torcia o caminho e ia para o outro lado, a fim de não se encontrar com ele. Pelo que Frei Elias começou a perceber e compreender que São Francisco estava desgostoso com ele; e querendo saber a razão, um dia procurou São Francisco para falar-lhe; e esquivando-se São Francisco, Frei Elias reteve-o cortesmente por força e começou a rogar-lhe com instância que se dignasse explicar-lhe o motivo pelo qual se esquivava assim de sua companhia e de falar com ele. E São Francisco lhe respondeu: "A causa é esta: porque me foi revelado por Deus que tu pelos teus pecados apostatarias da Ordem e morrerias fora da Ordem; e ainda Deus me revelou que tu estás danado". Ouvindo isto Frei Elias, disse assim: "Meu venerando pai, peço-te pelo amor de Jesus Cristo que por isso não me evites nem me expulses de ti; mas, como bom pastor, a exemplo de Cristo, busques e recebas a ovelha que perecerá se não a ajudares; e pede a Deus por mim que, se puder ser, revogue a sentença da minha danação; porque está escrito que Deus fará mudar a sentença se o pecador se arrepender do pecado; e eu tenho tanta confiança em tua oração que, se estivesse no meio do inferno e tu fizesses oração a Deus por mim, sentiria algum refrigério; e ainda te peço que me recomendes a mim, pecador, a Deus, o qual veio para salvar os pecadores, que Ele me receba em sua misericórdia". E isto dizia Frei Elias com grande devoção e lágrimas. Pelo que São Francisco, como pai piedoso, lhe prometeu pedir a Deus por ele e assim fez. E rogando a Deus devotissimamente por ele, conheceu pela revelação que a sua oração era por Deus atendida quanto à revogação da sentença da danação de Frei Elias e que finalmente a alma dele seria salva, mas que com certeza ele sairia da Ordem, e fora da Ordem morreria. E assim aconteceu; porque, rebelando-se contra a Igreja, Frederico, rei da Sicília, e sendo excomungado pelo papa ele e todo aquele que lhe desse ajuda e conselho, o dito Frei Elias, o qual era reputado como um dos homens mais sábios do mundo, chamado pelo dito Rei Frederico, acompanhou-o e tornou-se

rebelde contra a Igreja e apóstata da Ordem; pela qual coisa foi excomungado pelo papa e privado do hábito de São Francisco. E estando assim excomungado enfermou gravemente: de cuja enfermidade sabendo um seu irmão frade leigo, o qual tinha ficado na Ordem e era homem de boa e honesta vida, foi visitá-lo e entre outras coisas disse-lhe: "Irmão meu caríssimo, muito me aflijo por estares excomungado e fora da Ordem e assim morrerás; mas se sabes do meio ou modo pelo qual eu te possa tirar deste perigo, de boa vontade não pouparei por ti qualquer fadiga". Respondeu Frei Elias: "Irmão meu, não vejo outro modo, se não que vás ao papa e lhe peças pelo amor de Deus e de São Francisco seu servo, por cujos ensinamentos abandonei o mundo, que me absolva da excomunhão e me restitua o hábito da religião". Disse aquele seu irmão que de boa vontade trabalharia pela sua salvação; e partindo-se dele, foi aos pés do santo padre, pedindo-lhe humildemente que fizesse graça ao seu irmão pelo amor de Cristo e de São Francisco seu servo. E como prouve a Deus, o papa permitiu que ele voltasse, e encontrasse Frei Elias vivo, o absolvesse de sua parte da excomunhão e restituísse o hábito. Pelo que ele alegre e com grande pressa voltou a Frei Elias e achou-o vivo, mas quase a morrer, e o absolveu da excomunhão; e ao entregar-lhe o hábito, Frei Elias passou desta vida, e sua alma foi salva pelos méritos e a oração de São Francisco, na qual Frei Elias tinha tido tão grande esperança. Em louvor de Cristo. Amém.

Capítulo 39 – Da maravilhosa prédica, a qual fez Santo Antônio de Pádua em consistório

O maravilhoso vaso do Espírito Santo, monsior Santo Antônio de Pádua, um dos discípulos escolhidos e companheiros de São Francisco, ao qual São Francisco chamava seu vigário, pregando uma vez em consistório diante do papa e dos cardeais (no qual consistório havia homens de diversas nações, isto é, gregos, latinos, franceses, alemães, eslavos e ingleses e de outras diversas línguas do mundo); inflamado do Espírito Santo tão eficazmente, tão devotamente, tão sutilmente, tão docemente e tão clara e intuitivamente expôs e falou a Palavra de Deus que todos os que estavam em consistório, conquanto usassem línguas diversas, claramente lhe entendiam as palavras distintamente como se ele tivesse falado na língua de cada um, e todos estavam estupefatos e lhes parecia que se havia renovado o antigo milagre dos apóstolos no tempo de Pentecostes, os quais falavam por virtude do Espírito Santo em todas as línguas. E diziam juntos um para o outro com admiração: "Não é de Espanha este que prega? E como ouvimos nós em seu falar o nosso idioma?" O papa semelhantemente considerando e maravilhando-se da profundeza das palavras dele, disse: "Este é verdadeiramente arca do Testamento e armário da Escritura divina". Em louvor de Cristo. Amém.

Capítulo 40 – Do milagre que Deus fez quando Santo Antônio, estando em Rímini, pregou aos peixes do mar

Querendo Cristo bendito demonstrar a grande santidade do seu fidelíssimo servo Santo Antônio, e como devotamente devia ser ouvida sua pregação e sua doutrina santa, pelos animais irracionais, uma vez entre outras, isto é, pelos peixes, repreendeu a insensatez dos infiéis heréticos, como antigamente no Antigo Testamento, pela boca da jumenta, repreendera a ignorância de Balaão. Pelo que, estando uma vez Santo Antônio em Rímini, onde havia grande multidão de heréticos, querendo reduzi-los ao lume da verdadeira fé e ao caminho da verdade, por muitos dias lhes pregou e disputou sobre a fé cristã e a Santa Escritura; no entanto, eles não consentindo em suas santas palavras, e mesmo como endurecidos e obstinados não querendo ouvi-lo, Santo Antônio um dia por divina inspiração dirigiu--se à foz do rio, junto do mar, e estando assim na praia entre o mar e o rio, começou a dizer a modo de prédica, da parte de Deus, aos peixes: "Ouvi a Palavra de Deus, vós, peixes do mar e do rio, pois que os infiéis heréticos esquivam-se de ouvi-la". E dito que foi, subitamente aproximou-se dele na praia tal multidão de peixes grandes, pequenos e médios, como nunca naquele mar e naquele rio foi vista outra multidão tão grande, e todos tinham a cabeça fora da água e todos estavam atentos para a face de Santo Antônio e todos em grandíssima paz e mansuetude e ordem: porque na frente e mais perto da praia estavam os peixinhos menores e atrás deles estavam os peixes médios; depois ainda mais atrás, onde era a água mais profunda, estavam os peixes maiores. Estando, pois, em tal ordem e disposição colocados os peixes, Santo Antônio começou a pregar solenemente e a dizer assim: "Meus irmãos peixes, muito obrigados estais, segundo a vossa possibilidade, de agradecer ao vosso Criador que vos deu tão nobre elemento para vossa habitação, porque, como for do vosso agrado, tendes água doce e salgada; deu--vos muitos refúgios para fugirdes das tempestades; deu-vos ainda elemento claro e transparente e cibo pelo qual podeis viver. Deus vosso Criador cortês e benigno, quando vos criou, deu-vos como mandamento de crescerdes e multiplicardes, e deu-vos a sua bênção; pois, quando foi do dilúvio geral, todos os outros animais morrendo, a vós somente Deus conservou sem dano. E ainda vos deu barbatanas para irdes aonde for do vosso agrado. A vós foi concedido por ordem de Deus conservar Jonas e depois do terceiro dia lançá-lo em terra são e salvo. Oferecestes o censo a Nosso Senhor Jesus Cristo, o qual como pobrezinho não tinha com que pagar. Depois servistes de alimento ao eterno rei Jesus Cristo antes e depois da ressurreição, por singular mistério. Pelas quais coisas todos muito deveis louvar e bendizer a Deus que vos deu tantos e tais benefícios, mais do que às outras criaturas". A tais e semelhantes palavras e ensinamentos de Santo Antônio começaram os peixes a abrir as bocas e inclinar as cabeças e com estes e outros sinais de reverência, segundo o modo que puderam, louvaram a Deus. Então Santo Antônio, vendo tanta reverência dos peixes para com Deus Criador, rejubilando-se em espírito, em alta voz disse: "Bendito seja Deus eterno, porque mais o honram os peixes aquáticos do que os homens heréticos e melhor escutam a sua palavra os animais do que os homens infiéis". E tanto Santo Antônio mais pregava quanto a multidão dos peixes mais crescia e nenhum se partia do lugar que ocupara. A este milagre começou a acorrer o povo da cidade, vieram mesmo os sobreditos heréticos. Os quais, vendo milagre tão maravilhoso e manifesto, compungidos em seus corações, todos se lançaram aos pés de Santo Antônio para ouvir-lhe a prédica. Então Santo Antônio começou a pregar sobre a fé católica, e tão nobremente pregou que todos aqueles hereges converteu e os fez voltar à verdadeira fé cristã; e todos os fiéis ficaram com grandíssima alegria confortados e fortificados na fé. E feito isto Santo Antônio despediu os peixes com a bênção de Deus e todos se partiram com maravilhosos atos de alegria e do mesmo modo o povo. E depois Santo Antônio esteve em Rímini por muitos dias pregando e fazendo muito fruto espiritual de almas. Em louvor de Cristo. Amém.

Capítulo 41 – Como o venerável Frei Simão livrou de uma grande tentação um frade, o qual por esta razão queria sair fora da Ordem

No princípio da Ordem, vivendo São Francisco, veio à Ordem um jovem de Assis, o qual foi chamado Frei Simão, ao qual Deus adornou e dotou de tanta graça, e de tanta contemplação e elevação de mente, que toda a sua vida era um espelho de santidade, segundo ouvi dos que por muito tempo estiveram com ele. Este raríssimas vezes era visto fora da cela e, se algumas vezes estava com os irmãos, sempre falava de Deus. Nunca tinha aprendido gramática e, no entanto, tão profundamente e tão altamente falava de Deus e do amor de Cristo que as suas palavras pareciam palavras sobrenaturais. Pelo que numa tarde, tendo ido à floresta com Frei Tiago de Massa para falar de Deus e falando dulcissimamente do divino amor, esteve toda a noite naquele falar; e pela manhã lhes parecia ter passado pouquíssimo tempo segundo me narrou o dito Frei Tiago. E o dito Frei Simão tinha em tanta suavidade e doçura do Espírito Santo as divinas iluminações e visitas de Deus, que frequentes vezes, quando as sentia vir, deitava-se no leito; porque a tranquila suavidade do Espírito Santo requeria dele não somente o repouso da mente, mas também o do corpo. E nestas tais visitas divinas ele era muitas vezes arroubado em Deus e ficava todo insensível às coisas corporais. E uma vez em que estava assim arroubado em Deus e insensível ao mundo, ardia dentro do divino amor e não sentia nada de fora com os sentimentos corporais; um frade, querendo fazer experiência e ver se era como parecia, foi e levou um carvão em brasa e lho pôs no pé nu; e Frei Simão nada sentiu e não ficou com sinal nenhum no pé, não obstante ter estado aí por muito tempo e ter-se apagado por si mesmo. O dito Frei Simão, quando se punha à mesa, antes de tomar o cibo corporal, tomava para si e dava o cibo espiritual, falando de Deus. Por cujo devoto falar se converteu uma vez um jovem de São Severino, o qual era no século um jovem vaníssimo e mundano e era nobre de sangue e muito delicado de corpo. E Frei Simão, recebendo o dito jovem na Ordem, guardou consigo as suas vestes seculares; e ele estava com Frei Simão para ser instruído nas observâncias regulares. Pelo que o demônio, o qual procura estropiar todo bem, pôs sobre ele tão forte aguilhão e tão ardente tentação da carne que por nenhum modo ele podia resistir. Pela qual coisa ele se foi a Frei Simão e disse-lhe: "Restituí-me as vestes que trouxe do século, porque eu não posso mais suportar a tentação carnal". E Frei Simão, tendo grande compaixão dele, disse-lhe: "Assenta-te, filho, aqui um pouco comigo". E começou a lhe falar de Deus de forma que toda a tentação se partiu; e depois de certo tempo voltando a tentação, ele pedindo-lhe as vestes, Frei Simão a repelia com o falar de Deus. E isto acontecendo muitas vezes, finalmente uma noite o assaltou tão forte a dita tentação, mais do que soía, que por coisa nenhuma deste mundo não podendo resistir foi-se a Frei Simão, pedindo-lhe por tudo as vestes seculares, porque de modo nenhum podia ficar. Então Frei Simão, como costumava, o fez sentar-se ao seu lado e, falando-lhe de Deus, o jovem encostou a cabeça no peito de Frei Simão por melancolia e tristeza. Então Frei Simão, pela grande compaixão que dele tinha, levantou os olhos ao céu e rogando a Deus devotissimamente por ele, foi arrebatado e ouvido de Deus; pelo que, voltando ele a si, o jovem sentiu-se de todo livre daquela tentação como se nunca a tivesse sentido. Sendo assim mudado o ardor da tentação em ardor do Espírito Santo, porque ele se havia encostado ao carvão aceso, isto é, a Frei Simão, inflamou-se todo no amor de Deus e do próximo; de tal modo que, tendo sido preso uma vez um malfeitor a quem deviam tirar ambos os olhos, ele por compaixão se dirigiu ousadamente ao reitor em pleno conselho e com muitas lágrimas e orações devotas pediu que lhe tirassem um olho e ao malfeitor outro, para que ele não fosse totalmente privado da vista. Mas vendo o reitor com o conselho o grande fervor da caridade daquele frade, perdoou a um e a outro. Estando um dia o dito Frei Simão na floresta em oração e sentindo grande consolação na alma, um bando de gralhas com o seu gritar começou a distraí-lo, pelo que ele ordenou em nome de Deus que deviam partir e não mais tornar. E partindo-se então os ditos pássaros, de ora em diante não mais foram vistos nem ouvidos, nem ali nem nos arredores. E este milagre foi manifestado a toda a Custódia de Fermo, na qual estava o dito convento. Em louvor de Cristo. Amém.

Capítulo 42 – Dos belos milagres que Deus fez pelos santos frades, Frei Bentivoglio, e Frei Pedro de Monticello e Frei Conrado de Offida: e como Frei Bentivoglio carregou um leproso por quinze milhas em pouquíssimo tempo, e ao outro falou São Miguel, e ao outro veio a Virgem Maria e colocou-lhe o filho nos braços

A Província de Marca de Ancona foi antigamente, do mesmo modo que o céu de estrelas, adornada de santos e exemplares frades; os quais, como luminárias do céu, iluminaram e adornaram a Ordem de São Francisco e o mundo com exemplos e com doutrina. Entre outros foi em primeiro lugar Frei Lúcido, o antigo, o qual foi verdadeiramente luzente de santidade e ardente pela caridade divina; cuja maravilhosa língua informada pelo Espírito Santo fazia maravilhosos frutos de pregação. Um outro foi Frei Bentivoglio de São Severino, o qual foi visto por Frei Masseo ser levantado no ar por muito tempo, estando ele em oração na floresta; pelo qual milagre o dito Frei Masseo, sendo então pároco, deixou a paróquia e fez-se frade menor; e foi de tanta santidade que fez muitos milagres na vida e na morte, e seu corpo repousa em Murro. O sobredito Frei Bentivoglio, vivendo uma vez sozinho em Trave Bonanti, para vigiar e servir a um leproso, tendo ordem do prelado para sair dali e ir a um outro lugar, distante quinze milhas, não querendo abandonar o leproso, com grande fervor de caridade tomou-o e carregou-o nos ombros e levou-o da aurora ao sol poente, por toda aquela estrada de quinze milhas até ao dito lugar aonde fora mandado, que se chamava Monte Sancino. A qual viagem, se ele fosse águia, não teria podido em tão pouco tempo voar; e por este divino milagre houve grande assombro e admiração em todo aquele país. Um outro foi Frei Pedro de Monticello, o qual foi visto por Frei Servodeo de Urbino (então seu guardião no antigo Convento de Ancona), levantado da terra corporalmente cinco ou seis braços até aos pés do crucifixo, diante do qual estava em oração. Este Frei Pedro, jejuando uma vez na Quaresma de São Miguel Arcanjo com grande devoção, e no último dia daquela Quaresma estando na igreja em oração, foi ouvido por um frade jovem (o qual de propósito estava escondido sob o altar-mor para ver algum ato de sua santidade) a falar com São Miguel Arcanjo, e as palavras que eles diziam eram estas. Dizia São Miguel: "Frei Pedro, tu te hás afadigado fielmente por mim e de muitos modos tens afligido teu corpo: eis, vim consolar-te, para que peças a graça que quiseres e eu a impetre de Deus". Respondeu Frei Pedro: "Santíssimo príncipe da milícia celestial e fidelíssimo zelador do amor divino e piedoso protetor das almas, peço-te a graça de impetrares a Deus o perdão dos meus pecados". Respondeu São Miguel: "Pede outra graça, que esta alcançarei facilmente para ti". E Frei Pedro não pedindo mais nada, o arcanjo concluiu: "Eu, pela fé e devoção que tens em mim,

obterei para ti esta graça e outras muitas". Acabada a conversação, a qual durou muito tempo, o arcanjo São Miguel partiu-se, deixando-o sumamente consolado. No tempo deste Frei Pedro santo existiu o santo Frei Conrado de Offida, os quais estando juntos em família no Convento de Forano, da Custódia de Ancona, o dito Frei Conrado foi um dia à floresta para a contemplação de Deus, e Frei Pedro secretamente seguiu atrás dele para ver o que advinha; e Frei Conrado começou a estar em oração e rogar devotissimamente à Virgem Maria com grande pranto que ela lhe obtivesse a graça do seu bendito filho, para que ele sentisse aquela doçura que sentiu São Simeão no dia da Purificação, quando tomou aos braços Jesus salvador bendito. E feita esta oração, a misericordiosa Virgem Maria o atendeu, e eis que apareceu a rainha do céu com seu filho bendito no braço com grandíssima claridade de luz; e, aproximando-se de Frei Conrado, pôs-lhe no braço aquele bendito filho, o qual devotissimamente recebendo e abraçando e beijando e cingindo ao peito, todo se derretia e consumia em amor divino e inexplicável consolação; e Frei Pedro semelhantemente, o qual escondido via tudo, sentia na alma grandíssima doçura e consolação. E partindo-se a Virgem Maria de Frei

Conrado, Frei Pedro às pressas voltou ao convento para não ser visto por ele; mas depois, quando Frei Conrado voltava todo alegre e jucundo, disse-lhe Frei Pedro: "Ó célico, grande consolação tiveste hoje". Disse Frei Conrado: "Que é que dizes, Frei Pedro? Que sabes do que me aconteceu?" "Bem sei, bem sei, dizia Frei Pedro, como a Virgem Maria com o seu bendito filho te visitou". Então Frei Conrado, o qual, com verdadeira humildade, desejava estar em segredo nas graças de Deus, pediu-lhe que não dissesse a ninguém. E foi tão grande o amor daquela hora em diante entre os dois, que pareciam ter em todas as coisas uma mesma alma e um mesmo coração. E o dito Frei Conrado uma vez, no Convento de Sirolo, com as suas orações livrou uma mulher possessa, orando por ela toda a noite e aparecendo à sua mãe, e pela manhã fugiu para não ser encontrado e honrado pelo povo. Em louvor de Cristo. Amém.

Capítulo 43 – Como Frei Conrado de Offida converteu um jovem frade que molestava os outros frades. E como o dito frade jovem, tendo morrido, apareceu ao dito Frei Conrado, pedindo que rezasse por ele, e como o livrou

por suas orações das penas grandíssimas do purgatório

O dito Frei Conrado de Offida, admirável zelador da pobreza evangélica e da Regra de São Francisco, foi de tão religiosa vida e de tanto mérito para com Deus que Cristo bendito em vida e na morte o honrou com muitos milagres; entre os quais uma vez tendo ido como forasteiro ao Convento de Offida, os frades pediram-lhe pelo amor de Deus e da caridade que admoestasse um frade jovem que havia naquele convento, o qual procedia tão infantil e desordenadamente que perturbava os velhos e os jovens daquela família, e do ofício divino e das outras regulares observâncias pouco ou nada se importava. Pelo que Frei Conrado, por compaixão daquele jovem e pelos pedidos dos frades, chamou à parte o dito jovem e com fervor de caridade lhe disse tão eficazes e devotas palavras de admoestação que, com a operação da divina graça, ele subitamente se mudou de moço em velho de costumes e tão obediente e benigno e solícito e devoto, e ainda tão pacífico e serviçal, e tão cuidadoso para com todas as coisas de virtude que, como primeiramente toda a família vivia perturbada por ele, assim depois todos estavam contentes e consolados e grandemente o amavam.

Adveio, como aprouve a Deus, que poucos dias depois desta conversão o dito jovem morreu; do que os ditos frades muito se lamentaram, e poucos dias depois da morte sua alma apareceu a Frei Conrado, estando ele devotamente em oração, diante do altar do dito convento, e o saudou devotamente como a seu pai; e Frei Conrado lhe perguntou: "Quem és?" Respondeu: "Eu sou a alma daquele frade jovem que morreu há dias". E Frei Conrado: "Ó filho caríssimo, que é feito de ti?" Respondeu ele: "Pela graça de Deus e pela vossa doutrina vou bem, porque não estou danado; mas por certos pecados meus, os quais não tive tempo de purgar suficientemente, suporto grandíssimas penas no purgatório. Mas te[14] peço, pai, que, como por tua piedade me socorreste quando eu era vivo, assim agora queiras socorrer-me nas minhas penas, dizendo por mim algum Pai-nosso, porque a tua oração é muito aceita de Deus". Então Frei Conrado, consentindo benignamente no pedido e dizendo por ele uma vez o Pai-nosso com *requiem aeternam*, disse aquela alma: "Ó pai caríssimo, quanto bem e quanto refrigério eu sinto! Peço-te que o digas uma outra vez". E Frei Conrado disse

---

14 Sobre passagem semelhante de troca dos pronomes *vós* e *tu*, cf. cap. 24, nota 12.

e, dito que foi, disse a alma: "Santo pai, quando tu rezas por mim, sinto-me todo aliviado; pelo que te peço que não cesses de rezar por mim". Então Frei Conrado, vendo que aquela alma era tão ajudada pelas suas orações, disse por ela cem Pai-nossos e, tendo terminado, disse aquela alma: "Agradeço--te, pai caríssimo, da parte de Deus pela caridade que tiveste comigo; porque pelas tuas orações estou livre de todas as penas e me vou ao reino celestial". E dito isto partiu aquela alma. Então Frei Conrado, para dar alegria e conforto aos frades, contou-lhes por ordem toda aquela visão. Em louvor de Cristo bendito. Amém.

Capítulo 44 – Como a Frei Conrado apareceu a mãe de Cristo e São João Evangelista e São Francisco; e lhe disseram qual deles sofreu maior dor da paixão de Cristo

No tempo em que moravam juntos na Custódia de Ancona, no Convento de Forano, os sobreditos Frei Conrado e Frei Pedro (os quais eram duas luzentes estrelas na Província de Marca e dois homens celestiais); entre os dois havia tanto amor e tanta caridade que parecia terem ambos o mesmo coração e uma mesma alma, e se ligaram por este pacto, que qualquer consolação que a misericórdia de Deus lhes desse, deviam revelar um ao outro por caridade. Firmado entre ambos este pacto, sucedeu que um dia estando Frei Pedro em oração e pensando devotamente na paixão de Cristo, e como a Beatíssima Mãe de Cristo e São João, diletíssimo discípulo, e São Francisco estivessem pintados[15] ao pé da cruz, pela dor mental crucificados com Cristo, teve ele o desejo de saber qual dos três tinha sofrido dor maior com a paixão de Cristo; se a mãe, que o tinha gerado, ou o discípulo, o qual havia dormido sobre o peito, ou São Francisco, que com ele estava crucificado. E permanecendo nesse devoto pensamento, aparece-lhe a Virgem Maria com São João Evangelista e com São Francisco, vestidos de nobilíssimas vestes de glória bem-aventurada; mas São Francisco parecia vestido de vestes mais belas do que São João. E estando Frei Pedro todo espantado com esta visão, São João o confortou e disse-lhe: "Não temas, caríssimo irmão, pois vimos consolar-te e esclarecer

---

15 Em nenhum dos dois textos latinos se encontra uma palavra correspondente à expressão *dipinti dos Fioretti*; parece provável, no entanto, que se trata de um quadro representando São Francisco estigmatizado ao pé da cruz, a Virgem e São João, quadro certamente não pintado antes da morte de Pedro de Monticello, ocorrida em 1304, mas antes da redação deste capítulo.

a tua dúvida. Sabe, pois, que a mãe de Cristo e eu sobre todas as criaturas sofremos com a paixão de Cristo; mas depois de nós, São Francisco teve dor maior do que outro qualquer; e por isso tu o vês com tanta glória". E Frei Pedro perguntou-lhe: "Santíssimo apóstolo de Cristo, por que a veste de São Francisco parece mais bela do que a tua?" Respondeu São João: "A razão é esta: porque, quando ele estava no mundo, trouxe consigo vestes mais vis do que eu". E ditas estas palavras, São João deu a Frei Pedro uma veste gloriosa, a qual nas mãos trazia, e disse: "Toma esta veste a qual trouxe para te dar". E querendo São João vesti-lo com aquela veste, Frei Pedro estupefato caiu no chão e começou a gritar: "Frei Conrado, Frei Conrado caríssimo, socorre-me depressa; vem ver coisas maravilhosas". E com estas palavras aquela santa visão desapareceu. Depois, vindo Frei Conrado, ele lhe contou ordenadamente todas as coisas e agradeceram a Deus.

Capítulo 45 – Da conversão e vida e milagres e morte do santo Frei João da Pena

Frei João da Pena, sendo menino e escolar na Província de Marca, uma noite lhe apareceu um menino belíssimo e chamou-o dizendo-lhe: "João, vai a Santo Estêvão, onde prega um dos frades menores, em cuja doutrina crê e a cujas palavras atende, porque lá o mandei. E feito isto, tens de fazer uma grande viagem e depois voltarás a mim". Pelo que imediatamente se levantou e sentiu grande mudança na alma, e foi a Santo Estêvão e achou uma grande multidão de homens e mulheres que foram ouvir a prédica. E quem devia pregar era um frade que tinha o nome de Frei Filipe, o qual era um dos primeiros frades que tinham vindo à Marca de Ancona (e ainda poucos conventos havia na Marca). Sobe ao púlpito Frei Filipe para pregar e prega devotissimamente, não com palavras de sapiência humana, mas em virtude do espírito de Cristo, anunciando o reino da vida eterna. E terminada a prédica, o dito menino aproximou-se do dito Frei Filipe e disse-lhe: "Pai, se vos aprouver receber-me na Ordem, eu de boa vontade farei penitência e servirei a Nosso Senhor Jesus Cristo". Vendo Frei Filipe e percebendo no dito menino uma maravilhosa inocência e pronta vontade de servir a Deus, disse-lhe: "Vai ter comigo tal dia a Ricanati e farei que te recebam; no qual convento se deve reunir Capítulo Provincial". Pelo que o menino, o qual era puríssimo, pensou que esta fosse a grande viagem que devia fazer segundo a revelação que fora feita, e depois ir-se ao paraíso; e assim acreditava suceder logo que fosse recebido na Ordem. Lá foi, e o receberam; e vendo que seu pensamento não se realizava, dizendo o ministro em Capítulo que todo aquele que quisesse ir à Província da Provença, pelo mérito da santa obediência, ele de boa vontade dava licença, veio-lhe grande vontade de ir, pensando em seu coração que fosse aquela a grande viagem que tinha de fazer, antes que fosse ao paraíso. Mas envergonhando-se de dizê-lo, confiando finalmente no dito Frei Filipe, o qual o tinha feito receber na Ordem, pediu-lhe com instância que lhe obtivesse a graça de ir à Província da Provença. Então Frei Filipe, vendo a sua pureza e sua santa intenção, obteve-lhe a licença: pelo que Frei João com grande letícia pôs-se a andar tendo a opinião de que, terminada a viagem, iria ao paraíso. Mas, pela vontade de Deus, viveu na dita província vinte e cinco anos nesta expectação e desejo, vivendo em grandíssima honestidade e santidade e exemplaridade, crescendo sempre em virtude e em graça de Deus e do povo, e era sumamente amado pelos irmãos e os seculares. E estando um dia Frei João devotamente em oração, e chorando e lamentando-se porque o seu desejo não se realizava e a sua peregrinação por esta vida muito se prolongava, apareceu-lhe Cristo bendito, a cujo aspecto sua alma ficou toda liquefeita, e lhe disse: "Filho Frei João, pede-me o que quiseres". E ele respondeu: "Senhor meu, não sei o que te pedir senão a ti mesmo, não desejo nenhuma outra coisa; mas isto só te peço, que perdoes todos os meus pecados e me concedas a graça de te ver outra vez, quando tiver maior necessidade". Disse Jesus: "Atendida foi a tua oração"; e dito isto se partiu, e Frei João ficou todo consolado. Por fim, ouvindo os frades da Marca a fama de sua santidade, tanto fizeram com o geral que ele lhe enviou a obediência[16] de voltar à Marca. A qual obediência recebendo alegremente, pôs-se em caminho, pensando que, terminando-o, deveria ir ao céu segundo a promessa de Cristo. Mas voltado que foi à Província de Marca, nela viveu trinta anos sem ser reconhecido por nenhum parente e em cada dia esperava que a misericórdia de Deus lhe realizasse a promessa. E durante esse tempo exerceu diversas vezes o cargo de guardião com grande discrição, e Deus operou por ele muitos milagres. E entre outros dons que ele teve de Deus, teve o espírito de

---

16 Ordem escrita.

profecia; pelo que uma vez, andando por fora do convento, um seu noviço foi combatido pelo demônio e tão fortemente tentado que, consentindo na tentação, deliberou consigo mesmo sair da Ordem logo que Frei João voltasse. A qual tentação e deliberação conhecendo Frei João por espírito de profecia, imediatamente voltou a casa e chamou a si o dito noviço e disse que queria que ele se confessasse. Mas antes de confessá-lo contou-lhe por ordem toda a sua tentação, conforme Deus lhe havia revelado, e concluiu: "Filho, porque esperaste e não quiseste partir sem a minha bênção, Deus te fez a graça de que jamais desta Ordem sairás, mas morrerás na Ordem com a graça divina". Então o dito noviço foi confirmado em boa vontade e, ficando na Ordem, tornou-se um santo frade; e todas estas coisas me foram por ele contadas a mim Frei Hugolino. O dito Frei João, o qual era um homem alegre e calmo e raras vezes falava, e era um homem de grande oração e devoção, e especialmente após Matinas não mais voltava à cela e ficava na igreja até ao amanhecer em oração, estando ele uma noite após Matinas em oração, apareceu-lhe o anjo de Deus e disse-lhe: "Frei João, está concluída a tua viagem, a qual por tanto tempo esperaste, e por isso anuncio da parte de Deus que peças a graça que quiseres. E ainda te anuncio que escolhas o que preferes, um dia de purgatório ou sete de sofrimento neste mundo". E preferindo Frei João os sete dias de sofrimento neste mundo, subitamente enfermou de diversas enfermidades; pelo que o acometeu a febre forte, e a gota nas mãos e nos pés e dores nas costas e muitos outros males. Mas o que lhe fazia mais tormentos era que o demônio estava em sua frente e tinha na mão um grande papel em que estavam escritos todos os pecados que ele tinha cometido ou pensado; e lhe dizia: "Por estes pecados que cometeste com o pensamento e a língua e com as obras serás danado nas profundas do inferno". E ele não se recordava de bem algum que tivesse feito, nem que estivesse na Ordem nem que nunca nela tivesse estado; mas sim pensava de estar danado como o demônio lhe dizia. De modo que, quando lhe perguntavam como estava, respondia: "Estou mal, porque estou danado". Isto vendo, os frades mandaram vir um frade velho por nome Frei Mateus de Monte Rubiano, o qual era um santo homem e grande amigo de Frei João. Chegou o dito Frei Mateus junto dele no sétimo dia da tribulação e o saudou e perguntou-lhe como estava. Respondeu-lhe que estava mal, porque estava danado. Então disse Frei Mateus: "Ora, não te recordas de que muitas vezes te confessaste comigo e inteiramente te absolvi de todos os teus pecados? Não te lembras mais que serviste a Deus nesta santa Ordem por muitos anos? Depois, não te recordas que a misericórdia de Deus excede a todos os pecados do mundo e que Cristo bendito nosso Salvador pagou, para nos resgatar, um preço infinito? E por isso tem boa esperança que por certo serás salvo". E com este falar, porque havia chegado ao termo de sua purgação, foi-se a tentação e veio a consolação. E com grande letícia disse a Frei Mateus: "Porque te fatigaste e a hora é tarda, peço-te que te vás repousar". E Frei Mateus não o queria deixar, mas por fim, pela grande instância dele, deixou-o e foi repousar: e Frei João ficou sozinho com o frade que o servia. E eis que Cristo bendito vem com grandíssimo esplendor e com excessiva suavidade de perfume, segundo havia prometido aparecer-lhe outra vez quando maior precisão tivesse dele, e assim o sarou perfeitamente de toda enfermidade. Então Frei João com as mãos juntas, agradecendo a Deus que com ótimo fim terminara sua viagem da presente mísera vida, nas mãos de Cristo bendito recomendou e entregou sua alma, passando desta vida mortal à eterna com Cristo bendito, o qual havia por tanto tempo desejado e esperado. E repousa o dito Frei João no Convento da Pena de São João. Em louvor de Cristo. Amém.

Capítulo 46 – Como Frei Pacífico, estando em oração, viu a alma de Frei Humilde, seu irmão, subir ao céu

Na dita Província de Marca, depois da morte de São Francisco, entraram dois irmãos na Ordem; um teve por nome Frei Humilde e o outro Frei Pacífico, os quais foram homens de grandíssima santidade e perfeição. E um, isto é, Frei Humilde, estava no Convento de Soffiano e ali morreu; o outro estava de família em um convento assaz afastado dele. Como prouve a Deus, Frei Pacífico, estando um dia em oração num lugar solitário, foi arrebatado em êxtase e viu a alma do seu irmão Frei Humilde subir diretamente ao céu, sem demora nem impedimento, na mesma hora em que deixava o corpo. Sucedeu que, depois de muitos anos, este Frei Pacífico foi posto em família no dito Convento de Soffiano, onde seu irmão tinha morrido. Nesse tempo os frades, a pedido dos senhores de Brunforte, mudaram o convento para um outro lugar; pelo que, entre outras coisas, trasladaram as relíquias dos santos frades que haviam morrido naquele convento. E chegando à sepultura de Frei Humilde, o seu irmão Frei Pacífico retirou-lhe os ossos e lavou-os com bom vinho e depois os envolveu numa toalha branca, e com grande reverência e devoção os beijava e chorava: por isso os outros frades se maravilharam e não recebiam bom exemplo; porque, sendo ele homem de grande santidade, parecia que, por amor sensual e secular, chorava seu irmão, e que maior devoção mostrava por estas relíquias do que pelas dos outros frades que tinham sido de não menos santidade do que Frei Humilde, e eram dignas de reverência como as dele. E conhecendo Frei Pacífico a sinistra imaginação dos frades, os satisfez humildemente e lhes disse: "Irmãos meus caríssimos, não vos admireis de que tivesse feito com os ossos do meu irmão o que não fiz com os dos outros; porque, bendito seja Deus, não se trata, como credes, de amor carnal, mas isso fiz porque, quando meu irmão passou desta vida, orando eu em um lugar deserto e afastado, vi sua alma pelo caminho certo subir ao céu; e, portanto, estou certo de que seus ossos são santos, e ele deve estar no paraíso. E se Deus me tivesse concedido tanta certeza dos outros frades, a mesma reverência renderia aos ossos deles". Pela qual coisa os frades, vendo-lhe a santa e devota intenção, ficaram bem edificados com ele e louvaram a Deus, o qual faz assim coisas maravilhosas aos santos frades seus. Em louvor de Cristo. Amém.

Capítulo 47 – Daquele santo frade ao qual a mãe de Cristo apareceu, quando estava enfermo, e lhe trouxe três caixas de eletuário

No sobredito Convento de Soffiano viveu antigamente um frade menor de tão grande santidade e graça que parecia todo divino e, frequentes vezes, ficava arrebatado em Deus. Estando certa vez este frade todo absorto em Deus e enlevado; porque tinha notavelmente a graça da contemplação, vinham ter com ele passarinhos de diversas espécies e domesticamente pousavam-lhe nas espáduas e na cabeça, nos braços e nas mãos e cantavam maravilhosamente. Era ele solitário e raras vezes falava; mas quando lhe perguntavam alguma coisa, respondia tão graciosamente e tão sabiamente que mais parecia anjo do que homem e era de grandíssima oração e contemplação, e os frades o tinham em grande reverência. Acabando este frade o curso de sua vida virtuosa, segundo a disposição divina enfermou de morte, de modo que nenhuma coisa podia tomar, e com isto não queria receber nenhuma medicina carnal, mas toda a sua confiança era no médico celestial Jesus Cristo bendito e na sua bendita Mãe; da qual ele mereceu pela divina clemência de ser misericordiosamente visitado e consolado. Pelo que, estando uma vez no leito e dispondo-se à morte com todo o coração e com toda a devoção, apareceu-lhe a gloriosa Virgem Maria, mãe de Cristo, com grandíssima multidão de anjos e de santas virgens com maravilhoso esplendor e se aproximou do seu leito: e ele, olhando-a, recebeu grandíssimo conforto e alegria quanto à alma e quanto ao corpo; e começou a pedir-lhe humildemente que ela pedisse ao seu dileto filho para que, pelos seus méritos, o tirasse da prisão da mísera carne. E perseverando neste pedido com muitas lágrimas, a Virgem Maria respondeu-lhe, chamando-lhe pelo nome, e disse-lhe: "Não duvides, filho, porque tua oração foi atendida e eu vim para confortar-te um pouco, antes de te partires desta vida". Estavam ao lado da Virgem Maria três santas virgens, as quais traziam nas mãos três caixas de eletuário de desmesurado odor e suavidade. Então a Virgem gloriosa tomou e abriu uma daquelas caixas e toda a casa ficou cheia de odor; e tomando com uma colher daquele eletuário o deu ao enfermo, o qual tão depressa o saboreou, sentiu tanto conforto e tanta doçura que sua alma parecia não poder mais ficar no corpo; pelo que começou a dizer: "Não mais, ó Santíssima Mãe, Virgem bendita, ó médica bendita e salvadora da humana geração, não mais, porque eu não posso suportar tanta suavidade". Mas a piedosa e benigna Mãe, apresentando outra vez daquele eletuário ao enfermo e fazendo-o tomar, esvaziou toda a caixa. Depois, vazia a primeira caixa, a Virgem bendita toma a segunda e nela pôs a colher para dar-lhe, pelo que ele docemente se queixava, dizendo: "Ó Beatíssima Mãe de Deus, se minha alma quase toda está liquefeita pelo ardor e a suavidade do primeiro eletuário, como poderei eu suportar o segundo? Peço-te, bendita sobre todos os santos e sobre todos os anjos, que não me queiras dar mais". Respondeu Nossa Senhora: "Saboreia, filho, ainda um pouco dessa segunda caixa". E dando-lhe um pouco, disse-lhe: "Hoje, filho, tomaste tanto que já chega. Conforta-te, filho, que depressa virei por ti e te levarei ao reino de meu filho, ao qual tu sempre buscaste e desejaste". E dito isto, separando-se dele, partiu, e ele ficou tão consolado e confortado pela doçura daquele confeito[17,] que por muitos dias so-

---

17 O eletuário aqui é chamado *confetto*, que corresponde a confeito; é um medicamento à base de mel e da consistência do mel.

breviveu saciado e forte, sem nenhum alimento corporal. E depois de alguns dias, alegremente falando com os frades, com grande letícia e júbilo, passou dessa vida mísera à vida bem-aventurada. Amém.

Capítulo 48 – Como Frei Tiago de Massa viu todos os frades menores do mundo na visão de uma árvore, e conheceu as virtudes e os méritos e os vícios de cada um

Frei Tiago de Massa, ao qual Deus abriu a porta dos seus segredos e deu perfeita ciência e inteligência da divina Escritura e das coisas futuras, foi de tanta santidade que Frei Egídio de Assis e Frei Marcos de Montino e Frei Junípero e Frei Lúcido diziam dele que não conheciam ninguém no mundo maior para com Deus. Tive grande desejo de vê--lo, porque, pedindo eu a Frei João, companheiro do dito Frei Egídio, que me expusesse certas coisas do espírito, ele me disse: "Se quiseres ser informado na vida espiritual, procura falar com Frei Tiago de Massa; pois Frei Egídio mesmo desejava ser iluminado por ele, e às suas palavras nada se pode ajuntar nem tirar, porque sua mente penetrou nos segredos celestes e suas palavras são palavras do Espírito Santo, e não há homem sobre a terra a quem eu tanto deseje ver". Este Frei Tiago, no princípio do ministério de Frei João de Parma, rezando uma vez, foi arrebatado em Deus e esteve três dias arroubado neste êxtase, alheio a todo sentimento corporal, e esteve tão insensível que os frades não duvidaram de que estivesse morto. E nesse arroubamento foi-lhe revelado por Deus o que devia haver e acontecer em torno da nossa religião: pela qual coisa, quando a ouvi, cresceu-me o desejo de vê--lo e de falar com ele. E quando foi Deus servido que eu tivesse ocasião de falar-lhe, supliquei assim: "Se é verdade o que ouvi de ti, peço-te que não mo ocultes. Ouvi que, quando estiveste três dias como morto, entre outras coisas que Deus te revelou, houve o que deve acontecer nesta nossa religião. E isto disse o dito Frei Mateus, ministro da Marca, ao qual tu por obediência o revelaste". Então Frei Tiago com grande humildade confessou que o que Frei Mateus dizia era verdade. E o seu dizer, isto é, do dito Frei Mateus, ministro da Marca, era o seguinte: "Eu sei de um frade ao qual Deus revelou tudo que há de suceder em nossa religião, porque Frei Tiago de Massa mo manifestou e disse que, depois de muitas coisas que Deus lhe revelara do estado da Igreja militante, viu em visão uma árvore bela e muito grande, cujas raízes eram de ouro, seus frutos eram homens e todos frades menores. Seus ramos principais eram distintos segundo o número das províncias da Ordem, e cada ramo tinha tantos frades quantos os da província marcada no ramo; e então ele soube do número de todos os frades da Ordem e de cada província, e ainda o nome, a idade e as condições e os ofícios e os graus e a dignidade e as graças e as culpas de todos. E viu Frei João de Parma no mais alto ponto do ramo do meio desta árvore; e no extremo dos ramos que estavam em torno deste ramo do meio estavam os ministros de todas as províncias. E depois disto viu Cristo assentar-se num trono grandíssimo e cândido, o qual Cristo chamava São Francisco e dava-lhe um cálice cheio de espírito de vida, e ordenava-lhe, dizendo: 'Vai e visita teus frades e dá-lhes de beber deste cálice do espírito de vida, porque o espírito de satanás se levantará contra eles e os combaterá e muitos deles cairão e não se levantarão'. E deu Cristo a São Francisco dois anjos para acompanhá--lo. E então veio São Francisco apresentar o cálice da vida aos seus frades, e começou a apresentá-lo a Frei João de Parma, o qual tomando-o bebeu-o todo depressa e devotamente, e subitamente tornou-se todo luminoso como o sol. E depois dele sucessivamente São Francisco apresentou-o a todos os outros, e poucos eram os que o bebiam todo. Aqueles que o tomavam devotamente e o bebiam todo, subitamente tornavam-se esplendentes como o sol; e aqueles que o derramavam todo, e o não tomavam com devoção, tornavam-se negros e escuros e deformados e horríveis de ver-se; e aqueles que em parte bebiam e em parte o entornavam, tornavam-se parcialmente luminosos e parcialmente tenebrosos, e mais ou menos conforme a quantidade que bebiam ou derramavam. Mais acima de todos os outros o dito Frei João resplandecia, o qual mais completamente havia bebido o cálice da vida, pelo qual ele tinha contemplado profundamente o abismo da infinita luz divina, e nela tinha conhecido a adversidade e a tempestade que se deviam levantar contra a dita árvore e agitar e comover os seus ramos. Pela qual coisa o dito Frei João partiu de cima do ramo no qual estava; e descendo abaixo de todos os ramos se ocultou na base do tronco da árvore e ficou pensativo. E Frei Boaventura, o qual havia bebido parte do cálice e parte derramado, subiu para aquele ramo e para o lugar de onde tinha descido Frei João. E estando no dito lugar, as unhas de suas mãos se tornaram unhas de ferro agudas e cortantes como navalhas; pelo que deixou o lugar para onde havia subido, e com ímpeto de furor queria lançar-

-se contra o dito Frei João para o ferir. Mas Frei João, vendo isto, gritou com força e recomendou--se a Cristo, o qual se assentava no trono; e Cristo ao grito dele chamou São Francisco e deu-lhe uma pederneira afiada e disse-lhe: 'Vai com esta pedra e corta as unhas de Frei Boaventura, com as quais ele quer arranhar Frei João, para que não o possa ofender'. Então São Francisco foi e fez como Cristo tinha mandado. E feito isto, veio uma tempestade de vento e sacudiu a árvore tão fortemente que os frades caíram no chão, e primeiramente caíram os que tinham derramado o cálice da vida, e eram carregados pelos demônios para lugares tenebrosos e penosos. Mas Frei João, juntamente com os outros que tinham bebido todo o cálice, foi transladado pelos anjos para um lugar de vida e de lume eterno e de esplendor beatífico. E o dito Frei Tiago, que via a visão, entendia e discernia particular e distintamente o que via, quanto aos nomes, condições e estados de cada um claramente. E tanto durou aquela tempestade contra a árvore que ela caiu, e o vento a levou. E imediatamente depois que cessou a tempestade, das raízes desta árvore, que eram de ouro, nasceu outra árvore que era toda de ouro, a qual produziu folhas e flores e frutos dourados. Da qual árvore e do seu desenvolvimento, profundidade, beleza e ardor e virtude, melhor é calar do que dizer no presente". Em louvor de Cristo. Amém.

Capítulo 49 – Como Cristo apareceu a Frei João do Alverne

Entre os outros sábios e santos frades e filhos de São Francisco, os quais, segundo o dito de Salomão, são a glória do pai, existiu no nosso tempo na dita Província de Marca o venerável santo Frei João de Fermo, o qual pelo longo tempo em que viveu no santo convento do Alverne e dali passou desta vida, era por isso chamado Frei João do Alverne; porque foi homem de singular vida e de grande santidade. Este Frei João, sendo menino de escola, desejara com todo o coração a via da penitência, a qual mantém a mundícia do corpo e da alma; pelo que, sendo menino bem pequeno, começou a trazer o cilício de malha e o círculo de ferro na carne nua e a fazer grande abstinência, e especialmente quando viveu com os cônegos de São Pedro de Fermo, os quais passavam esplendidamente. Ele fugia das delícias corporais e macerava o corpo com grande rigidez de abstinência. Mas, havendo entre os companheiros muitos que eram contra isto, os quais lhe tiravam o cilício, e a

sua abstinência por diversos modos impediam, ele, inspirado por Deus, pensou de deixar o mundo com os seus amadores e de oferecer-se todo nos braços do Crucificado com o hábito do crucificado São Francisco, e assim o fez. Sendo, pois, recebido na Ordem tão criança e entregue aos cuidados do mestre de noviços, tornou-se tão espiritual e devoto que às vezes, ouvindo o dito mestre falar de Deus, o coração dele se derretia como a cera perto do fogo; e com tão grande suavidade de graça se aquecia no amor divino que ele, não podendo estar firme e suportar tanta suavidade, se levantava e como ébrio de espírito punha-se a correr ora pelo horto, ora pela floresta, ora pela igreja, conforme a flama e o ímpeto do espírito o impeliam. Com o correr do tempo a divina graça continuamente fez este homem angélico crescer de virtude em virtude e em dons celestiais e divinas elevações e arroubamentos; tanto que de algumas vezes sua mente era erguida a esplendores de querubins, de outras vezes a ardores de serafins, de outras vezes a gáudio dos bem-aventurados, de outras vezes a amorosos e excessivos abraços de Cristo, não somente por gostos espirituais internos, mas também por expressivos sinais exteriores e gostos corporais. E singularmente uma vez por modo excessivo inflamou o seu coração a chama do amor divino, e nele durou esta chama bem três anos, no qual tempo ele recebia maravilhosas consolações e visitas divinas e, frequentes vezes, era arrebatado em Deus; e, brevemente, no dito tempo ele parecia todo inflamado e inclinado no amor de Cristo; e isto aconteceu no monte santo do Alverne. Mas porque Deus tem singular cuidado com seus filhos, dando-lhes, conforme a diferença dos tempos, ora consolação, ora tribulação, ora prosperidade, ora adversidade, como vê que as precisam para se manterem na humildade, ou para lhes acender o desejo das coisas celestiais; aprouve à divina bondade depois de três anos retirar do dito Frei João este raio e esta flama do divino amor, e privou-o de toda consolação espiritual, pelo que Frei João ficou sem lume e sem amor de Deus, e todo desconsolado e aflito e dolorido. Pela qual coisa ele tão agoniado andava pela floresta vagando por aqui e por ali, chamando com vozes e lágrimas e suspiros o dileto esposo de sua alma, o qual se havia escondido e dele se partira, sem cuja presença sua alma não achava trégua nem repouso. Mas em nenhum lugar, nem de maneira nenhuma ele podia encontrar o doce Jesus, nem readquirir aqueles suavíssimos gostos espirituais do amor de

Cristo a que estava acostumado. E durou-lhe esta tribulação por muitos dias, durante os quais perseverou em contínuo chorar e suspirar, pedindo a Deus que lhe restituísse por sua piedade o dileto esposo de sua alma. Por fim, quando aprouve a Deus ter provado bastante a paciência dele e inflamado o seu desejo, um dia em que o dito Frei João andava pela dita floresta assim aflito e atribulado pelo cansaço, se assentou, encostando-se a uma faia, e estava com a face toda banhada de lágrimas a olhar para o céu; e eis que subitamente apareceu Jesus Cristo perto dele no atalho pelo qual Frei João tinha vindo, mas nada disse. Vendo-o Frei João e reconhecendo bem que Ele era Cristo, subitamente se lhe lançou aos pés e com desmesurado pranto rogava-lhe humilissimamente e dizia: "Socorre-me, Senhor meu, que sem ti, Salvador meu dulcíssimo, fico em trevas e em lágrimas; sem ti, cordeiro mansíssimo, estou em agonia e em pena e com pavor; sem ti, filho de Deus altíssimo, estou confuso e envergonhado; sem ti estou despojado de todos os bens e cego, porque Tu és Jesus Cristo, verdadeira luz da alma; sem ti estou perdido e danado, porque és a vida da alma e vida da vida; sem ti sou estéril e árido, porque és a fonte de todos os dons e de todas as graças; sem ti estou de todo desconsolado, porque és Jesus nossa redenção, amor e desejo, pão reconfortante e vinho que alegra os coros dos anjos e os corações de todos os santos. Alumia-me, mestre graciosíssimo e pastor piedosíssimo, porque sou tua ovelhinha, bem que indigna seja". Mas porque o desejo dos santos homens, ao qual Deus tarda de atender, os abrasa em mais alto amor e mérito, Cristo bendito se parte sem ouvi-lo e sem falar-lhe nada e desapareceu pelo dito atalho. Então Frei João se levantou e corre atrás dele e novamente se lhe lança aos pés, e com santa importunidade o retém e com devotíssimas lágrimas roga, e diz: "Ó Jesus Cristo dulcíssimo, tem misericórdia de mim o atribulado, atende-me pela multidão de tua misericórdia e pela verdade da tua salvação, restitui-me a letícia da face tua e do teu piedoso olhar, porque de tua misericórdia é plena toda a terra". E Cristo ainda se parte e faz como a mãe ao filho quando o deixa gritar pelo peito e faz que venha atrás dela chorando a fim de que ele mame com mais vontade. Pelo que Frei João com mais fervor ainda e desejo seguiu a Cristo; e chegando que foi a Ele, Cristo bendito voltou-se e olhou-o com o semblante alegre e gracioso; e abrindo os seus santíssimos e misericordiosos braços, abraçou-o dulcissimamente; e naquele abrir de braços viu Frei João sair do sacratíssimo peito do Salvador raios de luz esplendentes, os quais iluminavam toda a floresta como também a ele na alma e no corpo. Então Frei João se ajoelhou aos pés de Cristo; e Jesus bendito, como fez à Madalena, lhe deu o pé benignamente a beijar; e Frei João, tomando-o com suma reverência, banhou-o de tantas lágrimas que verdadeiramente parecia uma outra Madalena, e dizia devotamente: "Peço-te, Senhor meu, que não olhes os meus pecados; mas pela tua santíssima paixão e pela efusão do teu santíssimo sangue precioso, ressuscita minha alma à graça do teu amor; como é teu mandamento, que te amemos com todo o coração e com todo o afeto; o qual mandamento ninguém pode cumprir sem a tua ajuda. Ajuda-me, pois, amantíssimo filho de Deus, para que te ame com todo o meu coração e todas as minhas forças". E estando assim Frei João neste falar aos pés de Cristo, foi por Ele atendido e recuperou a primeira graça, isto é, a da flama do amor divino, e todo sentiu-se consolado e renovado: e conhecendo que o dom da divina graça tinha voltado, começou a agradecer ao Cristo bendito e a beijar-lhe devotamente os pés. E depois erguendo-se para o ver de face, Jesus Cristo lhe estendeu e deu-lhe as santíssimas mãos a beijar; e beijadas que foram, Frei João se aproximou e encostou-se ao peito de Jesus e abraçou-o e beijou-o, e Cristo semelhantemente beijou-o e abraçou-o. E neste abraçar e neste beijar Frei João sentiu tanto olor divino que, se todas as especiarias e todas as coisas odoríferas do mundo estivessem reunidas, teriam parecido um aroma vil em comparação daquele olor. E com isso Frei João foi arrebatado e consolado e iluminado, e durou-lhe aquele olor na alma muitos meses. E de ora em diante de sua boca, abeberada na fonte da divina sapiência no sagrado peito do Salvador, saíam palavras maravilhosas e celestiais as quais mudavam os corações de quem o ouvia e faziam grandes frutos nas almas. E no atalho da floresta, no qual estiveram os benditos pés de Cristo, e por grande distância em torno, Frei João sentia aquele olor e via aquele esplendor sempre quando ia ali muito tempo depois. Voltando a si Frei João após aquele rapto, e desaparecida a presença corporal de Cristo, ficou tão iluminado na alma pelo abismo de sua divindade, que, ainda não sendo homem letrado por humano estudo, no entanto, maravilhosamente resolvia e explicava as sutilíssimas questões da Trindade divina, e os profundos mistérios da Santa Escritura.

E muitas vezes depois, falando diante do papa e dos cardeais, de reis e barões e mestres e doutores, os punha a todos em grande estupor pelas altas palavras e profundas sentenças que dizia. Em louvor de Cristo. Amém.

Capítulo 50 – Como, dizendo missa em dia de finados, Frei João do Alverne viu muitas almas libertadas do purgatório

Dizendo uma vez o dito Frei João a missa, no dia depois de Todos os Santos, por todas as almas dos mortos, conforme manda a Igreja, ofereceu com tanto afeto de caridade e com tanta piedade de compaixão aquele altíssimo sacramento – o qual pela sua eficácia as almas dos mortos desejam acima de todos os outros bens que por elas se possam fazer – que parecia todo ele se derreter pela doçura de piedade e de caridade fraterna. Pela qual coisa, naquela missa, levantando o corpo de Jesus Cristo e oferecendo-o a Deus Pai e rogando-lhe que, pelo amor do seu bendito filho Jesus Cristo, o qual, para resgatar as almas fora dependurado na cruz, lhe aprouvesse libertar das penas do purgatório as almas dos mortos por Ele criadas e resgatadas, imediatamente viu um número quase infinito de almas saírem do purgatório como inumeráveis faíscas de fogo que saíssem de uma fogueira acesa, e viu subirem ao céu pelos méritos da paixão de Cristo, o qual todos os dias é oferecido pelos vivos e pelos mortos naquela sacratíssima hóstia, digna de ser adorada *in secula seculorum*. Amém.

Capítulo 51 – Do santo frade Tiago de Fallerone; e como, depois de morto, apareceu a Frei João do Alverne

No tempo em que Frei Tiago de Fallerone, homem de grande santidade, estava gravemente enfermo no Convento de Moliano, na Custódia de Fermo, Frei João do Alverne, o qual vivia então no Convento de Massa, sabendo de sua enfermidade, porque o amava como seu querido pai, pôs-se em oração por ele, pedindo devotamente a Deus com oração mental que ao dito Frei Tiago restituísse a saúde do corpo, se fosse melhor para sua alma. E estando nesta devota oração foi arrebatado em êxtase e viu no ar um grande exército de anjos e santos posto sobre a sua cela que era na floresta, com tanto esplendor que toda a região circunvizinha estava iluminada. E entre estes anjos viu Frei

Tiago enfermo, por quem ele orava, envolto em cândidas vestes resplandecentes. Viu ainda entre eles o bem-aventurado pai São Francisco adornado dos sagrados estigmas de Cristo e de muita glória. Viu ainda e reconheceu a Frei Lúcido santo e a Frei Mateus, o antigo, do Monte Rubiano, e mais outros frades, os quais nunca tinha visto nem conhecido nesta vida. E olhando assim Frei João com grande satisfação aquele bendito cortejo de santos, foi-lhe revelado como certa a salvação da alma do dito frade enfermo e que daquela enfermidade devia morrer, mas não subitamente, e depois da morte devia ir ao paraíso, porque convinha um pouco purgar-se no purgatório. Pela qual revelação Frei João teve tanta alegria pela salvação da alma que da morte do corpo nada lastimava; mas com grande doçura de espírito o chamava em si mesmo dizendo: "Frei Tiago, doce pai meu; Frei Tiago, doce irmão meu; Frei Tiago, fidelíssimo servo e amigo de Deus; Frei Tiago, companheiro dos anjos e consócio dos bem-aventurados". E assim com esta certeza e gáudio tornou a si e logo partiu do convento e foi visitar o dito Frei Tiago em Moliano; e encontrando-o tão grave que apenas podia falar, anunciou-lhe a morte do corpo e a salvação e a glória da alma, segundo a certeza que tinha pela divina revelação. Pelo que Frei Tiago, todo alegre na alma e no semblante, o recebeu com grande letícia e riso venturoso, agradecendo-lhe a boa-nova que lhe trazia e a ele devotamente recomendando-se. Então Frei João lhe rogou instantemente que após morrer voltasse a ele para falar--lhe do seu estado; e Frei Tiago prometeu-lhe, se fosse da vontade de Deus. E ditas estas palavras, aproximando-se a hora do seu passamento, Frei Tiago começou a dizer devotamente aquele verso do Salmo: "Em paz na vida eterna adormecerei e repousarei". E dito este verso, com venturosa e alegre face passou desta vida. E depois que ele foi enterrado, Frei João voltou ao Convento de Massa e esperou a promessa de Frei Tiago de tornar a ele no dia que tinha dito. Mas orando no dito dia, apareceu-lhe Cristo com grande acompanhamento de anjos e santos, entre os quais não estava Frei Tiago. Pelo que Frei João, maravilhando-se muito, recomendou-o devotamente a Cristo. Depois, no dia seguinte, orando Frei João na floresta, apareceu-lhe Frei Tiago acompanhado daqueles anjos, todo glorioso e todo alegre, e disse-lhe Frei João: "Ó pai caríssimo, por que não voltaste a mim no dia em que me prometeste?" Respondeu Frei Tiago: "Porque tinha necessidade de alguma purgação; mas naquela mesma hora em que Cristo te apareceu e me recomendaste, Cristo te atendeu e me livrou de todas as penas. E então eu apareci a Frei Tiago de Massa, leigo santo, o qual servia à missa e viu a hóstia consagrada quando o padre a ergueu, convertida e mudada na forma de uma belíssima criança viva; e disse-lhe: 'Hoje com este menino vou ao reino da vida eterna, ao qual ninguém pode ir sem ele'". E ditas estas palavras, Frei Tiago desapareceu e foi ao céu com toda aquela bem-aventurada companhia de anjos, e Frei João ficou muito consolado. Morreu o dito Frei Tiago de Fallerone na vigília de São Tiago apóstolo, no mês de julho, no sobredito Convento de Moliano, no qual pelos seus méritos a divina bondade operou, depois de sua morte, muitos milagres. Em louvor de Cristo. Amém.

Capítulo 52 – Da visão de Frei João do Alverne, da qual conheceu toda a ordem da Santa Trindade

O sobredito Frei João do Alverne, porque perfeitamente havia renunciado a todo deleite e consolação mundana e temporal, e em Deus havia posto todo o seu deleite e toda a sua esperança, a divina bondade lhe dera maravilhosas consolações e revelações, especialmente nas solenidades de Cristo. Pelo que, aproximando-se uma vez a Solenidade da Natividade de Cristo, na qual esperava de certo consolação pela doce humanidade de Jesus, o Espírito Santo pôs-lhe na alma tão grande e excessivo amor e fervor da caridade de Cristo, pela qual ele tinha se humilhado, tomando a nossa humanidade, que verdadeiramente lhe parecia ter sido tirada sua alma ao corpo e arder como uma fornalha. O qual ardor não podendo suportar, se agoniava e se derretia inteiramente e gritava em altas vozes; porque, pelo ímpeto do Espírito Santo e pelo excessivo fervor do amor, ele não podia se conter de gritar. E na hora em que aquele desmesurado fervor lhe vinha, com ele lhe vinha tão forte e certa a esperança de sua salvação que por nada deste mundo acreditara que se então morresse devesse passar pelas penas do purgatório. E aquele amor lhe durou bem um meio ano, ainda que aquele excessivo fervor não fosse continuado, mas lhe viesse em certas horas do dia. E naquele tempo e depois recebeu maravilhosas e muitas visitas e consolações de Deus e muitas vezes foi arrebatado, como viu aquele frade o qual primeiramente escreveu estas coisas; entre as quais, uma noite ficou tão enlevado e arrebatado em Deus que viu nele, Criador, todas as coisas criadas e celestiais e terrenas com todas as suas perfeições e graus e ordens distintas. E então conheceu claramente como cada coisa criada representava o seu Criador, e como Deus está sobre e dentro e fora e ao lado de todas as coisas criadas. E conheceu depois um Deus em três pessoas e três pessoas em um Deus, e a infinita caridade a qual fez o filho de Deus se encarnar, por obediência ao Pai. E finalmente conheceu naquela visão como não há outra via pela qual a alma possa ir a Deus e ter a vida eterna, senão pelo Cristo bendito, o qual é caminho, verdade e vida da alma. Amém.

Capítulo 53 – Como, dizendo a missa, Frei João do Alverne cai como se fosse morto

Ao dito Frei João no sobredito Convento de Moliano, conforme contaram os frades que aí estavam presentes, sucedeu uma vez este caso admirável, que na primeira noite depois da oitava de São Lourenço e dentro da Assunção de Nossa Senhora, tendo dito Matinas na igreja com os outros frades e sobrevindo nele a unção da divina graça, foi para o horto contemplar a paixão de Cristo e preparar-se com toda a devoção para celebrar a missa a qual lhe competia cantar pela manhã. Estando na contemplação das palavras da consagração do corpo de Cristo e considerando a infinita caridade de Cristo pela qual quis não somente resgatar-nos com seu sangue precioso, mas ainda deixar-nos por cibo da nossa alma seu corpo e sangue digníssimo, começou-lhe a crescer com tanto fervor e tanta suavidade o amor do doce Jesus que já não podia mais suportar sua alma outra doçura, mas gritava forte, e, como ébrio de espírito, não cessava de dizer consigo mesmo: *"Hoc est corpus meum"*, porque, dizendo estas palavras, parecia-lhe ver Cristo bendito com a Virgem Maria e com uma multidão de anjos. E neste dizer o Espírito Santo esclarecia-lhe todos os profundos e altos mistérios daquele altíssimo sacramento. E aparecida que foi a aurora, ele entrou na igreja com aquele fervor de espírito, e com aquela ansiedade e com aquele dizer, sem pensar que fosse ouvido nem visto por ninguém; mas no coro estava um frade em oração, o qual via e ouvia tudo. E não podendo naquele fervor conter-se pela abundância da divina graça, gritava em altas vozes; e assim esteve até à hora de dizer a missa, pelo que se foi preparar e subiu ao altar. E começando a missa, quanto mais prosseguia, tanto mais lhe crescia o amor de Cristo e aquele fervor da devoção com a qual lhe era dado um sentimento de Deus inefável, o qual ele mesmo não sabia nem podia depois exprimir com a língua. Pelo que, temendo que aquele fervor e sentimento de Deus crescesse tanto que lhe fosse preciso deixar a missa, ficou em grande perplexidade, e não sabia que partido tomar, se continuar a missa ou ficar esperando. Mas porque de outra vez lhe havia acontecido caso semelhante e o Senhor havia de tal modo temperado aquele fervor que não lhe fora necessário deixar a missa, confiando poder assim fazer desta vez, com grande temor pôs-se a prosseguir a missa: e chegando ao Prefácio de Nossa Senhora, começou-lhe tanto a crescer a divina iluminação e a graciosa suavidade do amor de Deus que, chegando ao *"Qui pridie"*, apenas podia suportar tanta suavidade e doçura. Finalmente, chegando ao ato da consagração, e dita a metade das palavras sobre a hóstia isto é, *"Hoc est"*, por maneira nenhuma podia ir além, mas sempre repetia essas mesmas palavras *"Hoc est"*; e a razão por que não podia prosseguir era que sentia e via a presença de Cristo com uma multidão de anjos, cuja majestade ele não podia suportar; e via que Cristo não entraria na hóstia ou que a hóstia não se transubstanciaria no corpo de Cristo se ele não proferisse a outra metade das palavras, isto é, *"corpus meum"*. Pelo que estando nesta ansiedade e não podendo ir adiante, o guardião e os outros frades e também muitos seculares que estavam na igreja ouvindo a missa aproximaram-se do altar e ficaram espantados, vendo e considerando os atos de Frei João, e muitos dentre eles choravam por devoção. Por fim, depois de grande espaço, isto é, quando prouve a Deus, Frei João proferiu *"corpus meum"* em altas vozes; e subitamente a forma do pão esvaneceu-se, e na hóstia apareceu Jesus Cristo bendito coroado e glorificado; e mostrou-lhe a humildade e caridade a qual o fez encarnar-se na Virgem Maria, e a qual o faz cada dia vir às mãos do sacerdote quando consagra a hóstia, pela qual coisa foi ele mais elevado na doçura da contemplação. Pelo que tendo elevado a hóstia e o cálice consagrado, foi arrebatado e, sendo sua alma suspensa dos sentimentos corporais, seu corpo caiu para trás; e se não fosse sustentado pelo guardião, o qual estava atrás dele, teria caído de costas no chão. E assim correndo os frades e os seculares que estavam na igreja, homens e mulheres, ele foi levado para a sacristia como morto, porque seu corpo estava frio como o corpo de um morto, e os dedos de suas mãos estavam contraídos tão fortemente que nem mesmo se podiam distender ou mover. E deste modo jazeu desfalecido, ou antes arroubado, até à Terça, e era no verão. E porque eu, o qual estava presente, desejava muito saber o que Deus tinha operado nele, logo que voltou a si dirigi-me a ele e pedi-lhe pela caridade de Deus que me contasse tudo. E ele, porque se confiava muito em mim, narrou-me tudo por ordem; e entre outras coisas me disse que, consagrando o corpo e o sangue de Jesus Cristo e diante dele, seu coração estava líquido como uma cera muito mole, e sua carne parecia não ter ossos, de tal modo que quase não podia levantar o braço nem a mão para fazer o sinal da cruz sobre a hóstia e sobre o cálice. Disse-me ainda que antes de se fazer padre fora-lhe revelado por Deus que devia desmaiar na missa; mas porque já tinha dito muitas missas e aquilo não lhe acontecera, pensava que a revelação não tivesse sido de Deus. Contudo, talvez cinquenta dias antes da Assunção de Nossa Senhora, na qual o sobredito caso adviera, ainda lhe fora por Deus revelado que aquele caso lhe devia advir por volta da dita Festa da Assunção; mas depois não se recordou da dita revelação. Amém.

Um novo "Fioretto"

Descoberto por Paul Sabatier

Pouco tempo depois de fundada a Ordem, certo dia, o bem-aventurado Francisco se dirigiu a uma cidade para tirar esmola, juntamente com o venerável Bernardo, primogênito de sua companhia; cansados, os dois assentaram-se em uma pedra. Fazendo-se cada vez mais viva a necessidade de comida aos pobrezinhos de Cristo, atormentados pela fome, assim disse o santo pai ao companheiro: "Iremos nos encontrar aqui, ó caríssimo, após recolhermos a esmola pedida pelo amor de Deus". Assim combinado, separaram-se, e, percorrendo as ruas e as praças batendo às portas das casas, transpondo as soleiras, humildemente pediram esmolas obtendo-as reverentes. Mas Frei Bernardo, devoto de Deus, afrontado pelo grande cansaço, nada guardou na sacola, porque comia os pedaços de pão e tudo quanto lhe dava a gente piedosa, mal o havia recebido; e assim, volvendo ao ponto combinado, nenhuma coisa consigo trouxe. Chegando, no entanto, o Pai Francisco, que trouxe o fruto da esmola colhida, mostrando-o ao companheiro, disse-lhe: "Grande, irmão meu, foi a esmola que me deu a Divina Providência; mostra-me, agora, o que recebeste; porque depois a comeremos em nome de Deus". O irmão Bernardo, humilhado, prostrou-se todo temor aos pés do pio pai, e disse-lhe: "Santo pai, confesso meu pecado, nada guardei comigo das esmolas recebidas, comi tudo que me deram, por estar morto de fome". São Francisco, ouvindo, chorava de alegria, e, abraçando o pai Bernardo, exclamou: "Ó filho dulcíssimo, és mais bem-aventurado, certamente, do que eu; és um perfeito observador do Evangelho, porque nada ajuntaste e nada guardaste para amanhã, e todo o teu pensamento puseste no Senhor".

Dos sacrossantos estigmas de São Francisco e de suas considerações

Introdução

Nesta parte veremos com devota consideração os gloriosos estigmas do nosso bem-aventurado Pai monsior São Francisco, os quais ele recebeu de Cristo no santo Monte Alverne; e porque os ditos estigmas foram cinco, segundo as cinco chagas de Nosso Senhor Jesus Cristo, por isto este tratado terá cinco considerações.

A primeira consideração será do modo como São Francisco chegou ao Monte Alverne.

A segunda será a vida e conversação que ele teve e manteve com os seus companheiros no dito monte.

A terceira será da aparição seráfica e a impressão dos estigmas.

A quarta será de como São Francisco desceu do Monte Alverne depois de ter recebido os estigmas e voltou a Santa Maria dos Anjos.

A quinta será sobre certas aparições e revelações divinas, feitas depois da morte de São Francisco aos santos frades e a outras pessoas devotas dos ditos gloriosos estigmas.

Primeira consideração dos sacrossantos estigmas

Quanto à primeira consideração é de saber-se que São Francisco, tendo a idade de quarenta e três anos em mil duzentos e vinte e quatro, inspirado por Deus, partiu do Vale de Espoleto para ir à Romanha com Frei Leão, seu companheiro, e andando passou ao pé do Castelo de Montefeltro; no qual castelo se dava então um grande banquete e cortejo pela cavalaria nova de um dos condes de Montefeltro. E sabendo São Francisco da solenidade que se fazia e que estavam reunidos muitos gentis-homens de diversos países, disse a Frei Leão: "Vamos lá acima à festa, porque com a ajuda de Deus faremos algum fruto espiritual". Entre os outros gentis-homens que tinham ido àquele cortejo estava um grande gentil-homem da Toscana, que tinha o nome de Monsior Orlando de Chiusi em Casentino, o qual, pelas maravilhosas coisas que havia sabido da santidade e dos milagres de São Francisco, lhe tinha grande devoção e tinha grandíssima vontade de vê-lo e de ouvi-lo pregar. Chega São Francisco a este castelo e entra dentro e vai à praça onde estava reunida toda a multidão dos gentis-homens; e em fervor de espírito subiu a um pequeno muro e começou a pregar, tomando por tema de sua prédica estas palavras em língua vulgar: "Tal é o bem a que aspiro, que toda a pena me faz prazer"; e sobre este tema, por ditado do Espírito Santo, pregou tão devotamente e tão profundamente, provando por diversos sofrimentos e martírios de santos apóstolos e de santos mártires, e por duras penitências de santos confessores e por muitas atribulações e tentações de santas virgens e dos outros santos, que toda a gente estava com os olhos e com a mente presos nele, e o escutavam como se falasse um anjo de Deus. Entre os quais o dito Monsior Orlando, tocado no coração por Deus pela maravilhosa pregação de São Francisco, pôs no coração de tratar e discorrer com ele depois da prédica das coisas de sua alma. Pelo que, finda a prédica, tomou São Francisco de parte e disse-lhe: "Ó pai, desejo tratar contigo sobre a salvação da minha alma". Respondeu São Francisco: "É muito de meu agrado; mas durante esta manhã vai e honra os teus amigos que te convidaram para a festa e janta com eles, e depois do jantar falaremos juntos quando te aprouver". Foi-se, pois, Monsior Orlando jantar, e depois de jantar volta a São Francisco, e trata e dispõe plenamente com ele das coisas de sua alma. E no fim disse Monsior Orlando a São Francisco: "Tenho na Toscana um monte devotíssimo o qual se chama o Monte Alverne, o qual é muito solitário e selvático e é muito bem apropriado para quem quiser fazer penitência em lugar afastado dos homens, ou para quem desejar vida solitária. Se ele te agradar, de boa vontade to darei, a ti e aos teus companheiros, para a salvação de minha alma". Ouvindo São Francisco tão liberal oferta daquela coisa que ele desejava muito, sentiu grandíssima alegria e louvando e agradecendo primeiramente a Deus e depois a Monsior Orlando, disse-lhe assim: "Monsior, quando voltardes à vossa casa, eu vos enviarei companheiros meus e lhes mostrareis o monte, e, se lhes parecer apto à contemplação e para fazer penitência, desde já aceito a vossa caritativa oferta". E dito isto, São Francisco partiu e, terminada a viagem, voltou a Santa Maria dos Anjos e Monsior Orlando, do mesmo modo, finda a solenidade daquele cortejo, voltou ao seu castelo que se chama Chiusi, o qual está cerca de uma milha do Alverne. Chegando São Francisco a Santa Maria dos Anjos, mandou dois de seus companheiros ao dito Monsior Orlando; os quais ali chegando foram por ele recebidos com grande alegria e caridade. E querendo ele mostrar-lhes o Monte Alverne, mandou com eles bem cinquenta homens armados para defendê-los das feras selvagens. E assim acompanhados, estes frades subiram ao monte e procuraram diligentemente; e por fim chegaram a uma parte do monte muito devota e muito propícia à contemplação, na qual parte havia uma pequena planície; e aquele lugar escolheram para sua habitação e de São Francisco. E juntamente com a ajuda daqueles homens armados que estavam em sua companhia, fizeram algumas celas com ramos de árvores; e assim aceitaram e tomaram posse, em nome de Deus, do Monte Alverne e partiram e tornaram a São Francisco. E chegados que foram, contaram-lhe como e de que modo tinham tomado posse do lugar no Monte Alverne, propriíssimo à contemplação. Ouvindo São Francisco esta notícia, alegrou-se muito e, louvando e agradecendo a Deus, falou aos frades com semblante jubiloso e disse assim: "Filhos meus, estamos perto de nossa Quaresma de São Miguel Arcanjo; creio firmemente ser vontade de Deus que façamos esta Quaresma no Monte Alverne, o qual por divina dispensação nos foi preparado, a fim de que pela honra e glória de Deus e de sua Mãe gloriosa, a Virgem Maria, e dos santos anjos, nós com penitência mereçamos de Deus consagrar aquele monte bendito". E então, dito isto, São Francisco tomou consigo Frei Masseo de Marignano de Assis, o qual era homem de grande senso e de grande eloquência, e Frei Ângelo Tancredo de Rieti, o qual era mui gentil-homem e fora cavaleiro no século, e Frei Leão, o qual era homem de grandíssima simplicidade e pureza; pela qual coisa São Francisco muito o amava e quase todos os segredos lhe revelava. E com estes três frades São Francisco se pôs em oração e depois, finda a oração, recomendou-se aos preditos e às orações dos frades que ficaram e pôs-se em caminho com aqueles três em nome de Jesus Cristo crucificado para ir ao Monte Alverne. E caminhando, São Francisco chamou um daqueles três companheiros, isto é, Frei Masseo, e disse-lhe: "Tu, Frei Masseo, serás nosso guardião e nosso prelado nesta viagem enquanto andarmos e estivermos juntos, e observaremos nossa usança de dizer o ofício ou de falar de Deus ou de guardar silêncio e não pensaremos de antemão no que comer nem no que beber, nem dormir; mas, quando for a hora de descansar, mendigaremos uma pouca de pão, pararemos e repousaremos no lugar que Deus quiser". Então aqueles três companheiros inclinaram as cabeças, e fazendo o sinal da cruz seguiram para adiante. Na primeira noite chegaram a um convento de frades e aí albergaram; na segunda noite, tanto pelo mau tempo como por estarem fatigados, não podendo alcançar nenhum convento de frades nem castelo ou vila, sobrevindo a noite com o mau tempo, refugiaram-se no albergue de uma igreja abandonada e desabitada e aí ficaram em repouso. E dormindo os companheiros, São Francisco se pôs em oração e, demorando a oração, eis que na primeira vigília da noite veio uma grande multidão de demônios ferocíssimos com rumor e grandíssimo estropício, e começaram a dar-lhe forte batalha e desgosto, pelo que um o agarrava por aqui, outro por ali; um puxava para cima e outro para baixo; um o ameaçava com uma coisa e outro o maltratava com outra; e assim de diversas maneiras empenharam-se em perturbá-lo na oração, mas não o podiam, porque Deus estava com ele. Pelo que, quando São Francisco havia assaz suportado a batalha dos demônios, começou a gritar em altas vozes: "Ó espíritos danados, vós nada podeis senão o que a mão de Deus permite. E, pois, da parte do onipotente Deus vo-lo digo: que façais no meu corpo o que Deus vos permitir, contanto que eu o suporte de boa vontade, porque não tenho maior inimigo do que meu corpo; e, portanto, se vós me vingardes do meu inimigo por mim, estareis prestando-me grande serviço". E então os demônios com grandíssimo ímpeto e fúria agarraram-no e começaram a arrastá-lo pela igreja e a fazer-lhe maior moléstia e desgosto do que na vez primeira. E São Francisco começou a gritar e a dizer: "Senhor meu Jesus Cristo, eu te agradeço tanto amor e caridade que mostras por mim, porque é sinal de grande amor, quando o Senhor pune bem seu servo por todos os seus defeitos neste mundo, para não ser punido no outro. E estou pronto a sofrer alegremente todas as penas e todas as adversidades que Tu, ó Deus meu, me quiseres mandar pelos meus pecados". Então os demônios, confusos e vencidos pela sua constância e paciência, partiram; e São Francisco no fervor do espírito sai da igreja e entra num bosque, perto dali, e se põe em oração e com rogos e lágrimas e com bater no peito procurava encontrar Jesus Cristo, esposo e dileto de sua alma. E finalmente encontrando-o no secreto de sua alma, ora lhe falava reverentemente, como ao seu senhor, ora lhe respondia como ao seu juiz, ora rogava como a pai, ora se entretinha como com um amigo. Naquela noite e naquele bosque os seus companheiros, depois de despertados e estando a escutar e observar o que ele fazia, o viram e ouviram com prantos e com palavras rogar devotamente à divina misericórdia pelos pecadores. Foi por eles ainda ouvido e visto deplorar em altas vozes a paixão de Cristo, como se ele corporalmente a visse. Nesta mesma noite o viram orar com os braços postos em cruz, por grande espaço suspenso e levantado da terra e cercado de uma nuvem resplendente. E assim nestes santos exercícios toda aquela noite passou sem dormir; e pela manhã, conhecendo os companheiros que, pela fadiga da noite e por não ter dormido, São Francisco estava muito débil de corpo e mal poderia caminhar a pé, dirigiram-se a um pobre lavrador da vizinhança e lhe pediram pelo amor de Deus seu asno emprestado para o pai São Francisco, o qual não podia andar a pé. Ouvindo este falar de Frei Francisco, perguntou-lhes: "Sois vós irmãos daquele frade de Assis, do qual dizem tanto bem?" Responderam os frades que sim, e que verdadeiramente para ele pediam o animal de carga. Então este bom homem com grande devoção e solicitude aparelhou o asno e levou-o a São Francisco e com grande reverência fê-lo montar, e caminharam, e este com eles atrás do seu asno. E após haverem caminhado um pouco, disse o aldeão a São Francisco: "Dize-me, tu és o irmão Francisco de Assis?" Respondeu São Francisco que sim. "Arranja-te de modo, disse o aldeão, a seres tão bom como toda a gente o pensa, porque muitos têm grande fé em ti, e portanto, eu te aconselho a que não haja em ti coisa diferente do que todos esperam". Ouvindo São Francisco estas palavras, não desdenhou de ser admoestado por um vilão e não disse consigo mesmo: "Que animal é este que me admoesta?", como diriam hoje muitos soberbos que trazem o hábito; mas imediatamente do asno se lançou em terra e se ajoelhou diante daquele e lhe beijou os pés; e assim lhe agradeceu, porque ele se havia dignado admoestá-lo tão caritativamente. Então o aldeão, junto com os companheiros de São Francisco, com grande devoção o levantou do chão e colocou-o no asno e caminharam além, e chegados que foram talvez à metade da subida do monte, porque fosse grandíssimo o calor e a subida fatigante, veio grande sede a este aldeão, tanta que começou a gritar atrás de São Francisco: "Ai de mim, que morro de sede; e se não tiver alguma coisa para beber cairei logo sufocado". Pela qual coisa São Francisco desce do asno e põe-se em oração, e tanto esteve ajoelhado com as mãos levantadas para o céu que conheceu pela revelação que Deus o tinha atendido e disse então ao aldeão: "Corre, vai depressa àquela pedra e ali acharás a água viva a qual Jesus Cristo neste momento, pela sua misericórdia, fez nascer daquela pedra". Corre este ao lugar que São Francisco havia mostrado e acha uma bela fonte, pela oração de São Francisco nascida do rochedo duríssimo, e bebeu copiosamente e ficou confortado. E bem parece que aquela fonte foi produzida por Deus miraculosamente pelas orações de São Francisco, porque nem antes nem depois jamais se viu fonte de água nenhuma, por grande espaço em torno daquele lugar. Feito isto, São Francisco com os companheiros e com o aldeão agradeceram a Deus pelo milagre mostrado e depois seguiram adiante.

E aproximando-se do pé do próprio rochedo do Alverne, aprouve a São Francisco de repousar um pouco sob um carvalho que estava acima do caminho, e ainda ali está, e embaixo dele São Francisco começou a considerar a disposição do lugar e da terra; e estando nesta consideração, eis que veio uma grande multidão de passarinhos de diversas espécies, os quais com cantares e bater de asas faziam todos grande festa e alegria; e cercaram São Francisco de tal modo que alguns lhe pousaram na cabeça, alguns nos ombros, alguns nos braços, alguns no regaço e alguns em roda dos pés. Vendo isto seus companheiros e o aldeão e maravilhando-se, São Francisco todo alegre em espírito disse assim: "Creio, caríssimos irmãos, que a Nosso Senhor apraz de habitarmos neste monte solitário, pois que nossas irmãs e irmãos passarinhos mostram tanta alegria com a nossa vinda". E ditas estas palavras ergueram-se e seguiram avante e finalmente chegaram ao lugar de que haviam primeiramente tomado posse os seus companheiros. E isto é quanto à primeira consideração, isto é, como São Francisco chegou ao santo Monte Alverne.

Segunda consideração dos sacrossantos estigmas

A segunda consideração é da conversação de São Francisco com os companheiros sobre o dito Monte Alverne. E quanto a esta é de saber-se que, ouvindo Monsior Orlando que São Francisco com três companheiros havia subido para habitar o Monte Alverne, teve grandíssima alegria, e no dia seguinte pôs-se em caminho com muitos de seu castelo e vieram visitar São Francisco, trazendo pães e vinho e outras coisas com que vivessem ele e os seus companheiros. E chegando lá em cima, encontrou-os em oração, e, aproximando-se deles, saudou-os. Então São Francisco se levantou e com grandíssima caridade e alegria recebeu Monsior Orlando com a sua companhia; e feito isto, puseram-se juntos a conversar. E depois que acabaram de conversar e São Francisco lhe agradeceu pelo devoto monte que ele havia dado e de sua vinda, pediu-lhe que mandasse fazer uma pobre celazinha ao pé de uma faia belíssima, a qual era distante da habitação dos irmãos obra de um tiro de pedra, porque ali lhe parecia lugar muito devoto e muito próprio à oração. E Monsior Orlando imediatamente mandou fazê-la e, feito isto, porque chegava a noite e era tempo de partir-se, São Francisco, antes de eles partirem, pregou-lhes um pouco; e depois, acabada a pregação e dada a bênção, Monsior Orlando, devendo partir, chamou de parte São Francisco e seus companheiros e disse-lhes: "Irmãos meus caríssimos, não é minha intenção que neste monte selvático suporteis nenhuma necessidade corporal, pela qual vos possais dedicar menos às coisas espirituais; e por isso quero e vo--lo digo uma vez por todas que podereis seguramente dispor da minha casa para todas as vossas necessidades; e se fizerdes o contrário, tê-lo-ei por grande mal". E dito isto, partiu com sua companhia e voltou ao seu castelo. Então São Francisco fez os seus companheiros assentarem-se e os aconselhou sobre o modo que deviam levar, eles e todo aquele que religiosamente quisesse viver nos eremitérios. E entre outras coisas singularmente lhes impôs observância da santa pobreza, dizendo: "Só considereis a caritativa oferta de Monsior Orlando, enquanto não ofender de qualquer modo a vossa dama, a Senhora Pobreza. Tende como certo que, quanto mais nos esquivarmos da pobreza, tanto mais o mundo se esquivará de nós e mais necessidade sofreremos; mas, se abraçarmos bem estreitamente a santa pobreza, o mundo irá atrás de nós e nos nutrirá copiosamente. Deus nos chamou a esta santa religião para a salvação do mundo e estabeleceu este pacto entre nós e o mundo; que demos ao mundo bom exemplo e o mundo nos proveja em nossas necessidades. Perseveremos, pois, na santa pobreza, porque ela é caminho de perfeição e arras e penhor das eternas riquezas". E depois de muitas e belas e devotas palavras e admoestações sobre esta matéria, concluiu dizendo: "Este é o modo de viver, o qual imponho a mim e a vós, e, porque sinto aproximar-me da morte, tenho a intenção de ficar solitário e recolher-me com Deus e diante dele deplorar meus pecados. E Frei Leão, quando quiser, me levará um pouco de pão e um pouco de água e por coisa nenhuma deixareis vir a mim nenhum secular, mas lhe respondereis por mim". E ditas estas palavras, deu-lhes a bênção e foi-se à cela da faia, e os companheiros ficaram no eremitério com firme propósito de observar os mandamentos de São Francisco. Daí por poucos dias, estando São Francisco ao lado da dita cela e considerando a disposição do monte, e maravilhando-se das grandes fendas e aberturas de rochedos grandíssimos, pôs-se em oração; e então lhe foi revelado por Deus que aquelas fendas tão maravilhosas tinham sido feitas miraculosamente na hora da paixão de Cristo quando, conforme o que disse o evangelista, as pedras se espedaçaram. E isto quis Deus que singularmente aparecesse sobre o Monte Alverne, para significar que neste monte se devia renovar a paixão de Nosso Senhor Jesus Cristo, na alma dele por amor e compaixão e no seu corpo pela impressão dos estigmas. Tendo tido São Francisco esta revelação, imediatamente se encerrou na cela e todo se recolheu em si mesmo, e dispôs-se a compreender o mistério desta revelação. E doravante São Francisco pela contínua oração começou a saborear mais frequentemente a doçura da contemplação; pela qual ele muitas vezes ficava tão arroubado em Deus que corporalmente era visto pelos irmãos elevado da terra e arrebatado fora de si. Nesses tais raptos contemplativos eram-lhe reveladas por Deus não somente as coisas presentes e as futuras, como também os secretos pensamentos e os apetites dos frades, conforme em si mesmo provou Frei Leão, seu companheiro, naquele dia. O qual Frei Leão sustentando do demônio uma grande tentação não corporal, mas espiritual, veio-lhe grande desejo de possuir qualquer coisa devota escrita pela mão de São Francisco e pensava que, se a tivesse, aquela tentação desapareceria de todo ou em parte; e tendo esse desejo, por vergonha e em reverência não tinha coragem de dizê-lo a São Francisco. Mas a quem não o disse Frei Leão, revelou-o o Espírito Santo. Pelo que São Francisco o chamou a si e mandou trazer o tinteiro e a pena e o papel, e com sua mão escreveu uma laude de Cristo, segundo o desejo do frade, e no fim fez o sinal do Tau[18] e deu-lho dizendo: "Toma, caríssimo irmão, este papel e até à tua morte guarda-o diligentemente; que Deus te bendiga e te guarde contra todas as tentações. Quando tiveres tentações não te espantes; que te reputo mais servo e amigo de Deus e mais te amo, quanto mais combatido fores pelas tentações. Em verdade te digo que ninguém se deve reputar perfeito amigo de Deus enquanto não tiver passado por muitas tentações e

---

18 A letra grega maiúscula *tau*, T, que representa a cruz.

atribulações". Recebendo Frei Leão este escrito com suma devoção e fé, subitamente todas as tentações desapareceram e, voltando ao eremitério, contou aos companheiros com grande alegria quantas graças Deus lhe havia feito com o receber aquele escrito da mão de São Francisco; e enrolando-o e guardando-o diligentemente, os frades fizeram depois com ele muitos milagres. E doravante o dito Frei Leão começou com grande pureza e boa intenção a observar e a considerar solicitamente a vida de São Francisco; e pela sua pureza mereceu de ver muitas e muitas vezes São Francisco arroubado em Deus e suspenso da terra, algumas vezes na altura de cerca de três braças, outras de quatro, algumas vezes até mesmo acima da faia e outras o viu levantado no ar tão alto e cercado de tanto esplendor que apenas o podia olhar. E que fazia este frade simples quando São Francisco estava tão pouco levantado da terra que ele o podia atingir? Ia devagarinho e abraçava-lhe e beijava-lhe os pés, e com lágrimas dizia: "Deus meu, tem misericórdia de mim pecador e pelos méritos deste santo homem faze-me encontrar a graça tua". E de uma vez entre outras, estando assim sob os pés de São Francisco, quando ele estava tão levantado da terra que não o podia tocar, viu uma cédula escrita com letras de ouro descer do céu e colocar-se na cabeça de São Francisco, na qual cédula estavam escritas estas palavras: *"Aqui está a graça de Deus"*; e depois que a leu, viu-a voltar ao céu. Pelo dom desta graça de Deus que estava nele, São Francisco não somente estava arroubado em Deus pela contemplação extática, mas também algumas vezes era confortado com visões angélicas. Pelo que, estando um dia São Francisco a pensar na sua morte e no estado de sua religião depois de sua vida, e dizendo: "Senhor Deus, que será depois de minha morte de tua família pobrezinha, a qual por tua benignidade foi entregue a mim pecador? Quem a confortará? Quem a corrigirá? Quem te rogará por ela?" E semelhantes palavras dizendo, apareceu-lhe um anjo mandado por Deus e confortando-o disse assim: "Digo-te, da parte de Deus, que a profissão de tua Ordem não faltará até ao dia do juízo, e não haverá pecador tão grande que, se amar de coração tua Ordem, não encontre misericórdia em Deus; e ninguém que por malícia perseguir tua Ordem poderá ter longa vida. E ainda, ninguém muito culpado na tua Ordem, o qual não corrigir sua vida, poderá por muito tempo perseverar na tua Ordem. E, portanto, não te contristes se na tua religião vires alguns maus irmãos, os quais não observam a Regra como devem, e não penses também que esta religião venha a perecer; porque nela haverá muitos e muitos os quais observarão perfeitamente a vida do Evangelho de Cristo e a pureza da Regra; e os quais imediatamente depois da vida corporal irão à vida eterna sem passar pelo purgatório. Alguns a observarão com menos perfeição; e estes, antes de ir ao paraíso, passarão pelo purgatório, mas o tempo de sua purgação te será confiado por Deus. Mas daqueles que não observarem a Regra, não cuides, disse Deus, porque eles de si não cuidam". E ditas estas palavras, o anjo partiu e São Francisco ficou todo confortado e consolado. Aproximando-se então a Festa da Assunção de Nossa Senhora, São Francisco procura a oportunidade de um lugar mais solitário e secreto no qual ele possa mais solitariamente fazer a Quaresma de São Miguel Arcanjo, a qual começava pela dita Festa da Assunção. Pelo que chama Frei Leão e diz-lhe assim: "Vai e fica acima da porta do oratório do eremitério dos irmãos, e quando te chamar vem a mim". Foi Frei Leão e ficou acima da porta, e São Francisco se afasta um pouco e chama forte. Frei Leão, ouvindo-se chamar, vai a ele e São Francisco lhe diz: "Filho, procuremos outro lugar mais secreto onde não possas me ouvir quando te chamar". E procurando, viram no flanco do monte, na parte sul, um lugar secreto e muito bem-adaptado conforme a intenção dele, mas aí ninguém podia ir, porque tinha na frente uma abertura de rochedo muito horrível e pavorosa, pelo que, com grande fadiga, puseram por cima um pau à maneira de ponte e atravessaram. Então São Francisco chamou os outros irmãos e lhes disse como pretendia fazer a Quaresma de São Miguel naquele lugar solitário, e para isso lhes pede que ali lhe façam uma pequena cela, de sorte que nenhum grito seu pudesse ser ouvido por eles. E feita a celazinha, São Francisco lhes disse: "Ide ao vosso eremitério e deixai-me aqui sozinho, porque com a ajuda de Deus pretendo fazer aqui esta Quaresma sem estrépito ou perturbação da mente, e por isso nenhum de vós me venha ver. Mas tu, Frei Leão, somente uma vez por dia virás a mim com um pouco de pão e de água, e de noite uma outra vez na hora de Matinas; então virás em silêncio, e quando estiveres no começo da ponte, dirás: *'Domine, labia mea aperies'*; e se eu te responder, passa e vem à cela e diremos juntos Matinas; e se eu não te responder, parte imediatamente". E isto dizia São Francisco porque de algumas vezes estava tão arroubado em

Deus que não ouvia nem sentia nada com os sentidos do corpo. E dito isto, São Francisco deu-lhes a bênção, e eles voltaram ao eremitério. Chegando a Festa da Assunção, São Francisco começou a santa Quaresma com grandíssima abstinência e aspereza, macerando o corpo e confortando o espírito com fervorosas orações, vigílias e disciplinas; e nestas orações, crescendo sempre de virtude em virtude, dispunha sua alma para receber os divinos mistérios e os divinos esplendores, e o corpo para sustentar as batalhas cruéis dos demônios com os quais frequentes vezes combatia sensivelmente. E entre outras, houve uma vez naquela Quaresma que, saindo um dia São Francisco da cela em fervor de espírito, e indo bem perto dali ficar em oração na cavidade de um rochedo, da qual até embaixo na terra havia grandíssima altura[19] e horrível e pavoroso precipício; subitamente veio o demônio com tempestade e barulho grandíssimo em forma terrível, e agarra-o para atirá-lo dali abaixo. Pelo que São Francisco, não tendo para onde fugir e não podendo suportar o aspecto crudelíssimo do demônio, subitamente atira-se com as mãos e com o rosto e com todo o corpo de

---

19 A altura é de cerca de trinta e oito metros. Pode-se descer facilmente à gruta por escadas.

encontro ao rochedo, e recomendou-se a Deus, tateando com as mãos sem que pudesse agarrar em qualquer coisa. Mas como prouve a Deus, o qual não deixa nunca ser tentado um servo seu além do que ele possa suportar, subitamente, por milagre, o rochedo, ao qual se havia encostado, se cavou segundo a forma do seu corpo, e recebeu-o em si como se ele houvesse posto as mãos e o rosto numa cera líquida. Assim no dito rochedo se imprimiu a forma do rosto e das mãos de São Francisco, e assim ajudado de Deus escapou diante do demônio. Mas o que o demônio não pôde fazer então com São Francisco de atirá-lo dali abaixo, sucedeu depois de bom tempo, após a morte de São Francisco, a um caro e devoto frade, o qual naquele mesmo lugar, colocando algumas tábuas, a fim de que sem perigo aí pudessem ir, por devoção a São Francisco e ao milagre acontecido; um dia o demônio o empurrou quando ele tinha à cabeça um grande pau o qual ele queria colocar ali, e o fez cair daí abaixo com aquele pau na cabeça. Mas Deus, que tinha salvo e preservado São Francisco de cair, pelos seus méritos salvou e preservou o devoto frade seu da queda; pelo que, caindo o frade, com grandíssima devoção e em altas vozes se recomendou a São Francisco, e ele subitamente lhe apareceu e segurando-o o pôs embaixo sobre os rochedos sem nenhum choque ou lesão. Pelo que tendo ouvido os outros frades o grito daquele quando caiu, e crendo que estivesse morto e despedaçado pela alta queda sobre os rochedos cortantes, com grande dor e pranto apanharam o caixão e foram à outra parte do monte para procurar os pedaços do corpo e enterrá-los. E tendo descido abaixo do monte, aquele frade que tinha caído encontraram com o pau à cabeça, com o qual havia caído, e cantava o *Te Deum Laudamus* em altas vozes. E maravilhando-se os frades muitíssimo, ele lhes contou por ordem toda a maneira como caiu e como São Francisco o tinha livrado de todos os perigos. Então todos os frades juntos voltaram com ele ao eremitério, cantando devotissimamente o *Te Deum*, e louvando e agradecendo a Deus com São Francisco pelo milagre que ele tinha operado no seu irmão. Prosseguindo, pois, São Francisco, como dito foi, na dita Quaresma, bem que muitas batalhas sustentasse com o demônio, no entanto recebia de Deus muitas consolações, não somente por visitas angélicas, mas também de pássaros selváticos: porque durante todo o tempo da Quaresma um falcão, o qual nidificava ali perto de sua cela, todas as noites um pouco antes de Matinas, com o seu canto e com o seu bater na cela, o despertava, e não se partia enquanto ele não se levantava para dizer Matinas. E quando São Francisco estava mais cansado uma vez mais do que outra, ou débil ou enfermo, este falcão, pelo modo e como pessoa discreta e compassiva, cantava mais tarde. E assim deste relógio São Francisco sentia grande prazer; porque a solicitude do falcão expulsava dele toda preguiça e o solicitava a orar; e, além disso, de dia estava algumas vezes domesticamente com ele. Finalmente, quanto a esta segunda consideração, estando São Francisco muito debilitado do corpo, pela grande abstinência e pelas batalhas do demônio, querendo ele com o cibo espiritual da alma confortar o corpo, começou a pensar na desmesurada glória e gáudio dos bem-aventurados à vida eterna; e por isso começou a pedir a Deus que lhe concedesse a graça de experimentar um pouco daquele gáudio. E estando neste pensar, subitamente lhe apareceu um anjo com grandíssimo esplendor, o qual tinha uma viola na mão esquerda e o arco na direita e, estando São Francisco todo estupefato pelo aspecto desse anjo, ele passou uma vez o arco sobre a viola, e subitamente tanta suavidade de melodia dulcificou a alma de São Francisco e a suspendeu de todo sentimento corporal que, segundo o que ele contou depois aos companheiros, não duvidava, se o anjo puxasse o arco para baixo, que pela intolerável doçura a alma se não partisse do corpo. E isto, quanto à segunda consideração.

Terceira consideração dos sacrossantos estigmas

Chegados à terceira consideração, isto é, da aparição seráfica e impressão dos estigmas, é de considerar-se que, aproximando-se a Festa da Santa Cruz no mês de setembro, foi uma noite Frei Leão ao eremitério à hora do costume, para dizer Matinas com São Francisco; e dizendo da cabeça da ponte como usava, *"Domine, labia mea aperies"*, e São Francisco não respondendo, Frei Leão não voltou para trás como São Francisco lhe tinha ordenado; mas com intenção boa e santa passou a ponte e entrou devagarinho na cela dele; e não o encontrando, pensou que ele estivesse na floresta em algum lugar em oração. Pelo que saiu, pois, e ao lume da lua o foi procurando docemente pela floresta; e finalmente ouviu a voz de São Francisco, e aproximando-se, o viu ajoelhado com a face e com as mãos erguidas para o céu, e em fervor de espírito dizia: "Quem és tu, dulcíssimo Deus meu, e quem sou eu, vilíssimo verme e teu inútil servo?" E estas mesmas palavras sempre repetia e não dizia nenhuma outra coisa. Pela qual coisa Frei Leão, maravilhando-se muitíssimo, levantou os olhos e olhou o céu, e olhando viu vir do céu uma chama de fogo belíssima e esplendíssima, a qual, descendo, pousou na cabeça de São Francisco, e da dita chama ouviu sair uma voz a qual falava com São Francisco; mas Frei Leão não entendia as palavras. Vendo isto e reputando-se indigno de estar assim perto daquele lugar santo onde estava aquela admirável aparição, e temendo ainda ofender São Francisco ou perturbá-lo em sua consolação, se dele fosse pressentido, recuou devagarinho e ficando de longe esperava para ver o fim. E olhando fixamente, viu São Francisco estender três vezes as mãos para a chama; e finalmente após grande espaço de tempo viu a chama voltar para o céu. Pelo que ele se retirou tranquilo e alegre da visão e voltava à sua cela. E andando ele tranquilamente, São Francisco o sentiu pelo estropício dos pés sobre as folhas e ordenou-lhe que o esperasse e não se movesse. Então Frei Leão obediente ficou firme e esperou-o com tanto medo que, conforme em seguida narrou aos companheiros, naquela ocasião teria preferido que a terra o engolisse, a esperar São Francisco, que pensava estar irritado contra ele; porque com suma diligência ele se guardava de ofender sua paternidade, a fim de que, pela sua culpa, São Francisco não o privasse de sua companhia. Aproximando-se, pois, dele, São Francisco perguntou-lhe: "Quem és tu?" E Frei Leão todo a tremer respondeu: "Eu sou Frei Leão, pai meu"; e São Francisco lhe disse: "Por que vieste aqui, irmão ovelhinha? Não te disse que não me ficasses a observar? Dize-me pela santa obediência se viste ou ouviste alguma coisa". Respondeu Frei Leão: "Pai, eu te ouvi falar e dizer muitas vezes: 'Quem és tu, ó dulcíssimo Deus? E quem sou eu, verme vilíssimo, inútil servo teu?'" E então, ajoelhando-se Frei Leão diante de São Francisco, declarou-se culpado da desobediência que tinha cometido contra o seu mandamento e pediu-lhe perdão com muitas lágrimas. E depois pede-lhe devotamente que lhe explique aquelas palavras que tinha ouvido e não havia entendido. Então vendo São Francisco que Deus ao humilde Frei Leão, pela sua simplicidade e pureza, tinha revelado ou concedido de ver alguma coisa, consentiu revelar-lhe e explicar-lhe o que pedia e disse assim: "Sabe, irmão ovelhinha de Jesus Cristo, que, quando eu dizia aquelas palavras que ouviste, então eram mostrados à minha alma dois lumes: um da inteligência e conhecimento de mim mesmo e outro da inteligência e conhecimento do Criador. Quando eu dizia: 'Quem és Tu, dulcíssimo Deus meu?', então estava eu no lume de contemplação, no qual via o abismo da infinita bondade e sapiência e poder de Deus; e quando dizia: 'Quem sou eu?' etc., estava eu em lume de contemplação, no qual via a profundeza lamentável da minha vileza e miséria; e por isso dizia: 'Quem és tu, senhor de infinita bondade e sapiência, que te dignas visitar-me a mim que sou verme vil e abominável?' E naquela flama que viste estava Deus; o qual naquela espécie me falava, como antigamente tinha falado a Moisés; e entre outras coisas que me disse, pediu-me que lhe fizesse três dons, e eu lhe respondi: 'Senhor meu, sou todo teu: Tu sabes bem que só tenho o hábito e a corda e os panos das bragas, e ainda estas três coisas são tuas: que posso pois oferecer e dar à tua majestade?' Então Deus me disse: 'Procura no peito e oferece-me o que encontrares'. Procurei e encontrei uma bola de ouro e oferei a Deus; e assim fiz por três vezes, segundo Deus me ordenou por três vezes; e depois me ajoelhei três vezes e bendisse e agradeci a Deus, o qual me havia dado o que ofereci. E imediatamente me foi dado a entender que aquelas três oferendas significavam a santa obediência, a altíssima pobreza e a esplendíssima castidade; as quais Deus, por sua graça, concedeu-me observar tão perfeitamente que de nada me acusa a consciência. E como me viste meter as mãos no peito e oferecer a Deus estas três virtudes, significadas por aquelas três bolas de ouro, as quais Deus me tinha posto no peito; assim Deus deu força à minha alma, que por todos os bens e por todas as graças que me concedeu pela sua santíssima bondade, eu sempre com o coração e com a boca o louvo e magnifico. Estas são as palavras as quais ouviste, e o levantar três vezes as mãos, que tu viste. Mas toma cuidado, irmão ovelhinha, não me vás mais observando e volta à cela tua com a bênção de Deus e cuida com solicitude de mim; porque dentro de poucos dias Deus fará tão grandes e tão maravilhosas coisas sobre este monte que todo o mundo ficará maravilhado; porque Ele fará algumas coisas novas, as quais não fez mais a nenhuma criatura neste mundo". E ditas estas palavras, mandou buscar o livro do Evangelho; porque Deus lhe tinha posto no espírito que abrindo por três vezes o livro do Evangelho lhe seria mostrado o que Deus queria fazer dele. E trazido que lhe foi o livro, São Francisco se pôs em oração; e feita a oração, mandou abrir o livro três vezes pela mão de Frei Leão em nome da Santíssima Trindade; e, como aprouve à divina disposição, naquelas três vezes sempre se apresentou diante dele a paixão de Cristo, pela qual coisa lhe foi dado a entender que, como ele tinha seguido a Cristo nos atos de sua vida, assim o devia seguir e conformar-se com ele nas aflições e dores da paixão antes de passar desta vida. E deste ponto em diante São Francisco começou a saborear e sentir mais abundantemente a doçura da divina contemplação e das divinas visitas. Entre as quais ele teve uma imediata e preparatória à impressão dos sacros estigmas, por esta forma. No dia que vem antes da Festa da Santíssima Cruz, no mês de setembro, estando São Francisco em oração secretamente em sua cela, apareceu-lhe o anjo de Deus e disse-lhe da parte de Deus: "Eu te conforto e te advirto que te prepares e disponhas humildemente com toda a penitência para receber o que Deus quiser fazer em ti". Responde São Francisco: "Estou preparado para suportar pacientemente qualquer coisa que meu Senhor me queira fazer". E dito isto o anjo se partiu. Veio o dia seguinte, isto é, o dia da Cruz; e São Francisco pela manhã, algum tempo antes do dia, pôs-se em oração, diante da saída de sua cela, voltando a face para o levante, e orava desta forma: "Ó Senhor meu Jesus Cristo, duas graças te peço que me faças antes que eu morra: a primeira é que em vida eu sinta na alma e no corpo, quanto for possível, aquelas dores que Tu, doce Jesus, suportaste na hora da tua acerbíssima paixão; a segunda é que eu sinta no meu coração, quanto for possível, aquele excessivo amor do qual Tu, Filho de Deus, estavas inflamado para voluntariamente suportar uma tal paixão por nós pecadores". E estando por longo tempo nesta oração, compreendeu que Deus o escutaria e que quanto fosse possível a uma simples criatura, tanto lhe seria concedido sentir as preditas coisas. Tendo São Francisco esta promessa, começou a contemplar devotissimamente a paixão de Cristo e a sua infinita caridade; e crescia tanto nele o fervor da devoção que todo ele se transformara em Jesus pelo amor e pela compaixão. E estando assim e inflamando-se nesta contemplação, naquela mesma manhã viu vir do céu um serafim com seis asas resplandecentes e inflamadas; o qual serafim com voo veloz aproximou-se de São Francisco de modo que ele o pôde discernir, e viu que trazia em si a imagem de um homem crucificado, e suas asas estavam assim dispostas: duas asas se estendiam sobre a cabeça, duas se estendiam para voar e as outras duas cobriam todo o corpo[20.] Vendo isto São Francisco ficou muitíssimo espantado e juntamente ficou cheio de alegria e de dor com admiração. Tinha grandíssima alegria com o gracioso aspecto de Cristo, o qual lhe aparecia tão familiarmente e olhava-o tão graciosamente; mas de outra parte, vendo-o pregado na cruz, tinha desmesurada dor e compaixão. E se admirava muito de tão estupenda e desusada visão, sabendo bem que a enfermidade da paixão não se conforma com a imortalidade do espírito seráfico. E estando nessa admiração, foi-lhe revelado, por aquele que lhe aparecia, que por divina providência aquela visão lhe era mostrada em tal forma, para que ele compreendesse que, não por martírio corporal, mas por incêndio mental, devia ser todo transformado na expressa similitude do Cristo crucificado. Nesta aparição admirável todo o Monte Alverne parecia arder em chama esplendidíssima, a qual resplendia e iluminava todos os montes e vales vizinhos, como se fosse o sol sobre a terra; pelo que os pastores que vigiavam naquelas regiões, vendo o monte infla-

---

20 A descrição do serafim é paralela à de Is 6,2, quanto ao número e à posição das asas.

mado de tanta luz em torno, tiveram grandíssimo pavor, segundo o que depois contaram aos frades, afirmando que aquela chama havia durado sobre o Monte Alverne por espaço de uma hora ou mais. Semelhantemente, ao esplendor deste lume, o qual resplendia nos albergues da região pelas janelas, certos almocreves, que andavam na Romanha, levantaram-se acreditando que o sol tivesse nascido e selaram e carregaram suas bestas e caminhando viram o dito lume desaparecer, e levantar-se o sol matinal. Na dita aparição seráfica, Cristo, o qual aparecia, falou a São Francisco certas coisas secretas e altas as quais São Francisco jamais em vida quis revelar a ninguém, mas depois de sua vida as revelou segundo se demonstra adiante e as palavras foram estas: "Sabes tu, disse Cristo, o que fiz? Dei-te os estigmas que são o sinal de minha paixão, a fim de que sejas meu gonfaloneiro. E como no dia da minha morte desci ao limbo, e todas as almas que aí achei tirei-as, em virtude destes meus estigmas, assim te concedo que cada ano, no dia de tua morte, vás ao purgatório e todas as almas das tuas três Ordens, isto é, menores, irmãs e continentes, e também dos outros que te foram muito devotos, os quais encontres ali, as tires em virtude dos teus estigmas e as conduzas à glória do paraíso, a fim de que tu me sejas conforme na morte como na vida". Desaparecendo, pois, aquela visão admirável, depois de grande espaço de tempo e de secreto falar, deixou no coração de São Francisco um ardor excessivo e flama de amor divino, e em sua carne deixou uma imagem maravilhosa e vestígio da paixão de Cristo. Pelo que imediatamente nas mãos e nos pés de São Francisco começaram a aparecer os sinais dos cravos pelo modo por que ele tinha então visto no corpo de Jesus crucificado, o qual lhe havia aparecido em espécie de serafim; e assim pareciam as mãos e os pés pregados no meio com cravos, cujas cabeças estavam nas palmas das mãos e nas plantas dos pés fora da carne e as pontas saíam no dorso das mãos e dos pés, parecendo recurvos e rebatidos, de modo que entre a curvatura e o rebite, o qual saía todo acima da carne, facilmente se poderia meter o dedo da mão como num anel, e as cabeças dos pregos eram redondas e pretas. Semelhantemente, no lado direito, apareceu a imagem de uma ferida de lança, não cicatrizada, vermelha e sanguinolenta, a qual depois muitas vezes lançava sangue do santo peito de São Francisco e ensanguentava-lhe a túnica e o pano das bragas. Pelo que seus companheiros, antes que dele o soubessem, percebendo, no entanto, que ele não descobria as mãos nem os pés e que as plantas dos pés ele não podia pôr em terra, achando também ensanguentadas a túnica e o pano das bragas, quando as lavavam, certamente compreenderam que ele nas mãos e nos pés e semelhantemente no costado tinha expressamente impressa a imagem e similitude de Nosso Senhor Jesus Cristo crucificado. E ainda que ele muito procurasse esconder e ocultar aqueles estigmas gloriosos, tão claramente impressos em sua carne, e de outra parte vendo que mal os podia ocultar aos companheiros familiares; contudo, temendo publicar os segredos de Deus, ficou em grande dúvida se devia revelar ou não a visão seráfica e a impressão dos sacrossantos estigmas. Finalmente, por estímulo de consciência, ele chamou a si alguns frades mais de sua intimidade e propondo-lhes a dúvida em palavras gerais, sem exprimir o fato, pediu-lhes conselho. Entre os quais frades estava um de grande santidade, o qual tinha por nome Frei Iluminado. Aquele, verdadeiramente iluminado por Deus, compreendendo que São Francisco devia ter visto coisas maravilhosas, respondeu-lhe: "Frei Francisco, sabe que não só por ti, mas também pelos outros Deus te mostra, algumas vezes, os seus segredos, e com razão tens de temer que, se ocultares o que Deus te mostrou para utilidade de outrem, serás digno de repreensão". Então São Francisco, comovido por aquelas palavras, com grandíssimo temor lhes referiu todo o modo e a forma da sobredita visão, acrescentando que Cristo, o qual lhe havia aparecido, lhe tinha dito certas coisas que ele não diria nunca, enquanto vivesse. E se bem que aquelas chagas santíssimas, tanto que lhe foram impressas por Cristo, lhe dessem ao coração grandíssima alegria, no entanto, à sua carne e aos seus sentidos corporais lhe davam intolerável dor. Pelo que, constrangido por necessidade, elegeu Frei Leão, entre outros o mais simples e o mais puro, ao qual revelou tudo, e aquelas santas chagas deixava-lhe ver, tocar e envolver com alguns linhos, para mitigar a dor e para receber o sangue que das ditas chagas saía e corria. Os quais pensos nos tempos de doença ele deixava mudar às vezes, mesmo cada dia, exceto da quinta-feira à tarde até sábado pela manhã, porque durante esse tempo ele não queria que por meio de nenhum remédio humano ou medicina lhe fosse absolutamente mitigada a dor da paixão de Cristo, a qual ele trazia no seu corpo; no qual tempo Nosso Senhor Jesus Cristo fora por nós preso, crucificado, morto e sepultado. Sucedeu certa vez que, quando Frei Leão lhe mudou o penso da chaga do lado, São Francisco pela dor que sentiu naquele despregar da faixa sangrenta, pôs a mão no peito de Frei Leão, pelo qual toque daquela sagrada mão Frei Leão sentiu tanta doçura de devoção no seu coração que por pouco mais cairia no chão sem sentidos. Finalmente quanto a esta terceira consideração, tendo São Francisco finalizado a Quaresma de São Miguel Arcanjo, dispôs-se por divina revelação a voltar para Santa Maria dos Anjos. Pelo que chamou a si Frei Ângelo e, depois de muitas palavras e santas advertências, recomendou-lhe, com toda a eficácia que pôde, aquele santo monte, dizendo como lhe convinha, junto com Frei Leão, voltar a Santa Maria dos Anjos. E dito isto, despedindo-se deles e abençoando-os em nome de Jesus crucificado, condescendendo aos pedidos deles deu-lhes as suas santíssimas mãos adornadas daqueles gloriosos estigmas para verem, tocarem e beijarem; e assim, deixando-os consolados, se partiu deles e desceu do santo monte. Em louvor de Cristo. Amém.

Quarta consideração dos sacrossantos estigmas

Quanto à quarta consideração, é de saber-se que, depois que o verdadeiro amor de Cristo transformou perfeitamente São Francisco em Deus e na vera imagem de Cristo crucificado, tendo completado a Quaresma de quarenta dias, em honra de São Miguel Arcanjo, sobre o santo Monte Alverne, após a Solenidade de São Miguel, desceu do monte o angélico Francisco com Frei Leão e com um devoto aldeão, no asno do qual montava, porque os cravos dos pés não o deixavam andar. Tendo, pois, descido do monte São Francisco, porque a fama de sua santidade já se tinha divulgado pelo país e que pelos pastores se tinha espalhado como haviam visto todo abrasado o Monte Alverne, e que isto era sinal de um grande milagre que Deus fizera a São Francisco; ouvindo a gente da região que ele passava, todos vinham vê-lo, e homens e mulheres e pequenos e grandes, os quais todos com grande devoção e desejo procuravam tocá-lo e beijar-lhe a mão. E não as podendo recusar à devoção das pessoas, ainda que tivesse as palmas enfaixadas, no entanto, para ocultar ainda mais os sacros estigmas, as enfaixava ainda e as cobria com as mangas, e somente os dedos descobertos lhes dava a beijar. Mas, ainda que ele procurasse ocultar e esconder o sacramento dos gloriosos estigmas, para fugir a toda ocasião de glória mundana, prouve a Deus mostrar sua glória por muitos milagres pela virtude dos ditos estigmas, singularmente naquela viagem do Alverne a Santa Maria dos Anjos, e depois por muitíssimos em diversas partes do mundo em sua vida e depois de sua gloriosa morte; a fim de que sua oculta e maravilhosa virtude, e a excessiva caridade e misericórdia de Cristo para com ele, a quem os tinha maravilhosamente dado, se manifestasse ao mundo por claros e evidentes milagres, dos quais exporemos aqui alguns. Pelo que aproximando-se então São Francisco de uma aldeia nos confins do Condado de Arezzo, passou diante dele com grandes prantos uma senhora com um filho no braço, o qual tinha oito anos e havia quatro estava hidrópico; e estava tão enormemente inchado no ventre, que estando em pé não podia olhar os pés. E pondo-lhe aquela senhora o filho diante e pedindo-lhe que rogasse a Deus por ele, São Francisco se pôs primeiramente em oração, colocou suas santas mãos sobre o ventre do menino e subitamente resolveu-se toda a inchação e ficou perfeitamente sarado, e o entregou à mãe, a qual, recebendo-o com grandíssima alegria e levando-o a casa, agradeceu a Deus e a São Francisco; e o filho curado mostrava de boa vontade a todos da região que vinham à sua casa para vê-lo. No mesmo dia passou São Francisco pelo burgo do Santo Sepulcro, e antes que ele se aproximasse do castelo, as turbas do castelo e das vilas vieram-lhe ao encontro, e muitos foram adiante dele com ramos de oliveira nas mãos, gritando fortemente: "Eis o santo, eis o santo". E por devoção e desejo que as pessoas tinham de tocá-lo, faziam grande barulho e aperto sobre ele. Mas ele andando com a mente elevada e arrebatada em Deus pela contemplação, conquanto fosse pela gente tocado ou retido ou puxado, como uma pessoa insensível, não sentia nada de coisa que em torno fosse feita ou dita; nem mesmo percebeu que passasse por aquele castelo nem por aquela terra. Pelo que, passado o burgo e voltada a multidão a casa, chegando ele a uma casa de leprosos além do burgo, bem uma milha, e voltando a si, como se viesse do outro mundo, o celestial contemplador perguntou ao companheiro: "Quando estaremos perto do burgo?" Verdadeiramente sua alma fixa e arrebatada na contemplação das coisas celestiais não tinha sentido nenhuma coisa terrestre nem variedade de lugares nem de tempo nem de pessoas ocorrentes. E isto outras vezes mais adveio, segundo o que, por clara experiência, provaram seus companheiros. Chegou naquela tarde São Francisco ao convento dos frades do Monte Casal, no qual convento havia um frade tão cruelmente enfermo e tão horrivelmente atormentado pela enfermidade que o seu mal antes parecia tribulação e tormento do demônio do que enfermidade natural, porque algumas vezes ele se atirava todo em terra com tremor grandíssimo e com escuma na boca; ora se lhe encolhiam todos os membros do corpo, ora se distendiam, ora se dobravam; ora se torciam, ora a nuca se encostava aos calcanhares e atirava-se ao alto e imediatamente caía ressupino. E estando São Francisco à mesa e sabendo dos frades sobre este irmão tão miseravelmente enfermo e sem remédio, teve-lhe compaixão e tomou uma fatia de pão que comia, e fez sobre ela o sinal da cruz com as suas santas mãos estigmatizadas e mandou-a ao frade enfermo, o qual, logo que a comeu, ficou perfeitamente curado e nunca mais sentiu aquela enfermidade. Vem a manhã seguinte e São Francisco manda dois dos frades, que estavam naquele convento, ficar no Alverne e reenvia com eles o aldeão que tinha vindo com ele atrás do asno, o qual lho havia emprestado, a fim de que com ele voltasse a casa. Foram os frades com o dito aldeão e, entrando no Condado de Arezzo, viram-nos de longe alguns da terra e tiveram grande alegria pensando que fosse São Francisco, o qual tinha passado dois dias antes; porque a mulher de um deles, a qual estava havia três dias com dores de parto, e não podendo dar à luz, morria, e pensavam de vê-la sã e livre, se São Francisco pusesse suas santas mãos sobre ela. Mas chegando os ditos frades, os outros, porque conhecessem que não era São Francisco, tiveram grande melancolia; mas onde não estava o santo corporalmente não faltou, porém, a sua virtude, porque não lhes faltou a fé. Admirável coisa! A mulher se acabava e já tinha os sinais da morte. Estes perguntam aos frades se não tinham alguma coisa tocada pelas mãos santíssimas de São Francisco. Pensam e procuram os frades diligentemente, e em suma não se acha nenhuma coisa que São Francisco houvera tocado com as mãos, senão o cabresto do asno no qual tinha ido. Tomam eles o cabresto com grande reverência e devoção e põem-no sobre o corpo da mulher grávida, invocando devotamente o nome de São Francisco e recomendando-se fielmente a ele. E para que mais? Logo que a mulher teve sobre si o dito cabresto, subitamente ficou livre de todo o perigo e deu à luz com gáudio, facilmente e com saúde. São Francisco, depois que esteve alguns dias no dito convento, partiu e foi à cidade de Castelo; e eis que muitos citadinos trazem para diante dele uma mulher endemoniada havia muito tempo, e pedem-lhe humildemente a sua libertação; porque ela, ora com urros dolorosos, ora com gritos cruéis, ora com latidos caninos toda a região perturbava. Então São Francisco, primeiramente fazendo oração e fazendo sobre ela o sinal da cruz, ordenou ao demônio que se partisse dela, e subitamente ele se partiu e deixou-a sã do corpo e do intelecto. E divulgando-se este milagre entre o povo, uma mulher com grande fé levou-lhe um filho seu, gravemente enfermo de uma cruel chaga, e pediu-lhe devotamente que se dignasse benzê-lo com as mãos. Então São Francisco, aceitando sua devoção, toma daquele menino e tira a faixa da chaga e o benze, fazendo três vezes o sinal da cruz sobre a chaga, e depois com suas mãos põe a faixa e o entrega à sua mãe e, porque era de noite, ela o leva imediatamente ao leito para dormir. Foi ela pela manhã tirar o filho da cama e acha-o sem faixa, e olha e o acha tão perfeitamente curado como se nunca tivesse tido mal nenhum, exceto no lugar da chaga, sobre o qual havia crescido a carne como uma rosa vermelha, e isto antes em testemunho do milagre do que como sinal da chaga, porque a dita rosa permanecendo todo o tempo de sua vida, frequentes vezes o induzia à devoção de São Francisco, o qual o tinha curado. Naquela cidade ficou São Francisco um mês pelos devotos pedidos dos citadinos, no qual tempo ele fez assaz de outros milagres e depois partiu dali para ir a Santa Maria dos Anjos com Frei Leão e com um bom homem, o qual lhe emprestara seu asninho sobre o qual São Francisco viajava. Sucedeu que, pelos maus caminhos como pelo grande frio, caminhando todo o dia, não puderam chegar a nenhum lugar onde se pudessem hospedar, pela qual coisa, constrangidos pela noite e pelo mau tempo, eles se abrigaram sob um rochedo escavado para evitar a neve e a noite que sobrevinha. E ficando assim incomodamente e malcoberto o homem do qual era o asno, e não podendo dormir pelo frio, e não tendo meio nenhum de fazer fogo, começou a lamentar-se baixinho consigo mesmo e chorar e quase murmurava de São Francisco que a tal lugar o tinha trazido. Então São Francisco, isto entendendo, teve compaixão dele e no fervor de seu espírito estende as mãos às costas dele e o toca. Admirável coisa! Logo que ele o tocou com a mão acesa e esbraseada do fogo seráfico, desapareceu todo o frio, e tanto calor entrou nele adentro e fora que lhe parecia estar junto da boca de uma fornalha ardente, pelo que ele, imediatamente confortado na alma e no corpo, adormeceu, e mais suavemente, segundo o seu dizer, dormiu melhor aquela noite entre rochedos e entre a neve até pela manhã, do que nunca havia dormido no seu próprio leito. Caminharam, pois, no outro dia, e chegaram a Santa Maria dos Anjos; e quando estavam perto, Frei Leão levantou para o alto os olhos e olhava para o dito Convento de Santa Maria e olhando-o viu uma cruz belíssima, na qual estava a figura do Crucificado, ir adiante de São Francisco, o qual ia atrás. E tão conformemente ia a dita cruz diante do rosto de São Francisco que, quando ele parava, ela parava, e quando ele seguia, ela seguia; e era de tanto esplendor aquela cruz que não somente resplendia na face de São Francisco, como também todo o caminho em torno era iluminado e durou até que São Francisco entrou no Convento de Santa Maria. Chegando, pois, São Francisco com Frei Leão, foram recebidos pelos frades com suma alegria e caridade. E de ora em diante São Francisco ficou o mais do tempo naquele Convento de Santa Maria até à morte. E continuamente se espalhava mais e mais pela Ordem e pelo mundo a fama de sua santidade e dos seus milagres, conquanto ele pela sua profundíssima humildade ocultasse o mais que podia os dons e as graças de

Deus e se chamasse grandíssimo pecador. Do que maravilhando-se uma vez Frei Leão e pensando tolamente consigo mesmo: "Eis, este se chama grandíssimo pecador em público e torna-se grande na Ordem e é tão honrado por Deus, e no entanto em segredo ele não se confessa jamais do pecado carnal[21]: teria sido ele sempre virgem?" E sobre isto começou-lhe a vir grandíssima vontade de saber a verdade, mas não podia ter a coragem de perguntar a São Francisco; pelo que recorreu a Deus e, pedindo-lhe com instância que o certificasse do que desejava saber, pela muita oração e mérito de São Francisco, foi atendido e certificado de que São Francisco era virgem verdadeiramente do corpo, por tal visão. Porque ele viu em visão São Francisco estar em um lugar alto e excelente, ao qual ninguém podia ir nem chegar, e foi-lhe dito em espírito que aquele lugar tão alto e excelente significava em São Francisco a excelência da castidade virginal, a qual razoavelmente se conformava com a carne que devia ser adornada com os sacros estigmas de Cristo. Vendo São Francisco, por causa dos estigmas, a pouco e pouco diminuírem as forças do corpo e não podendo mais

---

21 Frei Leão era confessor de São Francisco.

cuidar da direção da Ordem, convocou o Capítulo Geral. O qual estando todo reunido, ele humildemente se escusou diante dos irmãos da fraqueza pela qual não podia mais atender aos cuidados da Ordem, quanto ao exercício do generalato, bem que não renunciava ao ofício do generalato, porque não podia, desde que foi feito geral pelo papa e, portanto, não podia deixar o ofício nem ser substituído por um sucessor sem expressa licença do papa; mas instituiu seu vigário a Frei Pedro Cattani, recomendando-lhe e aos ministros provinciais a Ordem o mais afetuosamente que pôde. E feito isto, São Francisco, confortado em espírito, levantando os olhos e as mãos ao céu, disse assim: "A ti, Senhor Deus meu, recomendo a tua família, a qual até hoje me confiaste e, agora pela minha enfermidade, de que sabes, dulcíssimo Senhor meu, não posso mais cuidar. Recomendo ainda aos ministros provinciais que eles se responsabilizem de te darem conta no dia do juízo, se algum frade, pela negligência deles ou por seu mau exemplo ou por sua muito áspera correção, perecer". E nestas palavras, como prouve a Deus, todos os frades do Capítulo compreenderam que falasse dos estigmas, escusando-se pelas suas enfermidades, e por devoção nenhum deles se pôde conter sem chorar. E de ora em diante ele deixou todo o cuidado e a direção da Ordem nas mãos do seu vigário e dos ministros provinciais e dizia: "Ora, depois que deixei a direção da Ordem pela minha enfermidade, não trato agora senão de pedir a Deus pela nossa religião e de dar bom exemplo aos irmãos. E bem sei na verdade que, se a enfermidade me deixasse, a maior ajuda que poderia dar à religião seria de pedir a Deus continuamente por ela, que ele a governe, defenda e conserve". Ora, como foi dito acima, por mais que São Francisco procurasse quanto podia ocultar os sacrossantos estigmas e desde que os recebeu estivesse sempre e ficasse com as mãos enfaixadas e os pés calçados, não pôde fazer com que muitos irmãos não os vissem e tocassem, e principalmente o do costado, o qual ele com a maior diligência se esforçava em esconder. Pelo que uma vez o frade que o servia o induziu com devota cautela a tirar a túnica para sacudir o pó e, tirando-a na presença dele, aquele frade viu claramente a chaga do costado e, metendo-lhe a mão no peito velozmente, tocou-a com três dedos e compreendeu sua quantidade e grandeza; e por modo semelhante naquele tempo a viu o seu vigário. Mais claramente se certificou Frei Rufino, o qual era homem de grandíssima contemplação, do qual disse certa vez São Francisco que no mundo não havia homem mais santo do que ele, e pela sua santidade ele intimamente o amava e o satisfazia no que quisesse. Este Frei Rufino por três meios certificou-se e a outros dos estigmas, e especialmente o do costado. O primeiro foi que, devendo lavar os panos das bragas, as quais São Francisco usava tão grandes que, puxando-as para cima, com elas cobria a chaga do lado direito, o dito Frei Rufino olhava e considerava diligentemente e cada vez as achava manchadas de sangue do lado direito; pela qual coisa ele compreendia certamente que aquilo era sangue que lhe saía da dita chaga; pelo que São Francisco o repreendeu quando viu que ele desenrolava seus panos para ver o sangue. O segundo meio foi que o dito Frei Rufino de uma vez esfregando os rins de São Francisco, de propósito escorregou a mão e pôs o dedo na chaga do costado; pelo que São Francisco, devido à grande dor que sentiu, gritou fortemente: "Deus te perdoe, ó Frei Rufino; por que fizeste isto?" O terceiro meio foi que uma vez ele com grande insistência pediu a São Francisco, por grandíssima graça, que lhe desse seu hábito e tomasse o dele pelo amor à caridade. A cujo pedido, embora que de má vontade condescendendo, o caritativo pai tirou o hábito e deu-lho e tomou o dele, e então no tirar e no vestir Frei Rufino claramente viu a dita chaga. Frei Leão semelhantemente e muitos outros frades viram os ditos estigmas de São Francisco enquanto viveu; os quais frades, ainda que pela sua santidade fossem homens dignos de fé e de ser acreditados pelas simples palavras, no entanto, para tirar todas as dúvidas dos corações, juraram sobre o santo livro que eles os haviam visto claramente. Viram-nos também vários cardeais os quais tinham com ele grande familiaridade, e em relevância dos ditos estigmas compuseram e fizeram belos e devotos hinos e antífonas e prosas. O Sumo Pontífice Alexandre, falando ao povo, onde estavam todos os cardeais, entre os quais estava o santo Frei Boaventura que era cardeal, disse e afirmou ter visto com seus olhos os sacrossantos estigmas de São Francisco durante a sua vida. E a Senhora Jacoba de Settesoli de Roma, a qual era a maior dama de Roma em seu tempo e era devotíssima de São Francisco, antes que São Francisco morresse e depois que morto foi, os viu e beijou muitas vezes com suma reverência, porque ela foi de Roma a Assis na morte de São Francisco por divina revelação, e foi deste modo[22]. São Francisco, alguns dias antes da morte, esteve enfermo em Assis no palácio do bispo com alguns dos seus companheiros, e com toda a sua enfermidade ele muitas vezes cantava certa laude de Cristo. Pelo que um dia lhe disse um dos seus companheiros: "Pai, tu sabes que estes citadinos têm grande fé em ti e te consideram um santo homem, e para que eles possam pensar que tu és aquele que julgam, deves nesta enfermidade pensar na morte e antes chorar do que cantar, porque estás gravemente enfermo; e compreende que teu cantar, e o nosso que tu nos ordenas, é ouvido por muitos do palácio e de fora; porque este palácio é guardado por tua causa por muitos homens armados[23], os quais com isto poderiam talvez receber

---

22 O episódio que segue, da visita de "Frei Jacoba" a São Francisco moribundo, é um dos mais célebres da história do santo, por causa das polêmicas que suscitou. Ao tempo em que este episódio era conhecido apenas através da Quarta Consideração, dos *Actus* (18) e do *Speculum perfectionis* (112), diversos escritores da Ordem punham em dúvida sua autenticidade. Parecia-lhes inverossímil que São Francisco tivesse permitido a uma mulher, ainda que muito nobre e piedosa, penetrar na clausura e aproximar-se de seu leito de morte. Estavam chocados com tal narrativa. Papini, geral dos conventuais, chamava de "*profanatori delle glorie paterne*" aqueles que admitiam semelhante historinha.

23 Os *Actus* indicam expressamente que estes homens armados tinham sido colocados lá pelos habitantes de Assis, que

mau exemplo. Pelo que eu creio, disse esse frade, que farias bem em partir daqui, e que voltássemos todos a Santa Maria dos Anjos, porque não estamos bem entre seculares". Respondeu São Francisco: "Caríssimo irmão, tu sabes que faz agora dois anos, quando estávamos em Foligno, que Deus te revelou o fim de minha vida, e assim ainda me revelou a mim que daqui por poucos dias, nesta enfermidade, o dito fim chegará; e naquela revelação Deus me assegurou a remissão de todos os meus pecados e a beatitude do paraíso. Até àquela revelação eu lamentava a morte e meus pecados; mas, depois que tive aquela revelação, fiquei tão cheio de alegria que não posso mais chorar; e, portanto, eu canto e cantarei a Deus o qual me deu o bem de sua graça e me confirmou o bem da glória do paraíso. Sobre a nossa partida daqui consinto e me apraz; mas procurai meio de levar--me, porque eu pela enfermidade não posso mais andar". Então os frades o tomaram nos braços e o conduziram, acompanhados por muitos citadinos. E chegando a um hospital que havia no caminho, São Francisco disse aos que o levavam: "Ponde--me no chão e volvei-me para a cidade". E posto

---

temiam que São Francisco, *"tam carum thesaurum"*, fosse raptado pelos vizinhos.

que foi com a face voltada para Assis, ele abençoou a cidade com muitas bênçãos, dizendo: "Bendita sejas por Deus, cidade santa, porque por ti muitas almas se salvarão e em ti muitos servos de Deus habitarão e de ti muitos serão escolhidos para o reino da vida eterna". E ditas estas palavras, fez-se transportar para diante, a Santa Maria dos Anjos. E chegados que foram a Santa Maria, levaram-no à enfermaria e ali o deixaram em repouso. Então São Francisco chamou a si um dos companheiros e disse-lhe: "Caríssimo irmão, Deus me revelou que dessa enfermidade até tal dia passarei desta vida; e tu sabes que a Senhora Jacoba de Settesoli, devota caríssima da Ordem nossa, se soubesse da minha morte e aqui não estivesse presente, muito se contristaria; e, portanto, manda-lhe dizer que, se ela me quer ver vivo, imediatamente venha cá". Responde o frade: "Muito bem, pai; porque verdadeiramente pela grande devoção que ela te tem seria muito incompreensível que ela não estivesse presente à tua morte". "Vai, pois, disse São Francisco, e traze-me o tinteiro e papel e pena e escreve como te ditar". E voltado que foi, São Francisco dita a carta por esta forma: "A Senhora Jacoba, serva de Deus, Frei Francisco, pobrezinho de Deus, saúde e companhia do Espírito Santo em

Nosso Senhor Jesus Cristo. Sabe, caríssima, que Cristo bendito por sua graça me revelou o fim da vida minha, o qual será em breve. E, portanto, se me queres achar vivo, recebida esta carta, põe-te a caminho e vem a Santa Maria dos Anjos; porque se até tal dia não vieres, não poderás me encontrar vivo; e traze contigo pano de cilício, no qual envolvam meu corpo, e a cera necessária para a sepultura. Peço-te ainda que me tragas daquelas coisas de comer das quais costumavas dar-me, quando eu estava enfermo em Roma". E enquanto se escrevia aquela carta, foi por Deus revelado a São Francisco que a Senhora Jacoba vinha a ele e estava perto do convento e trazia consigo todas as coisas que ele mandava pedir na carta. Pelo que, recebida aquela revelação, disse São Francisco ao frade que escrevia a carta que não escrevesse mais nada, porque não precisava, mas abandonasse a carta. Pela qual coisa muito se maravilharam os frades, porque não acabara a carta e não queria que a mandassem. E passado pouco tempo, a porta do convento foi batida fortemente, e São Francisco mandou o porteiro abrir; e aberta a porta, ali estava a Senhora Jacoba, nobilíssima dama de Roma, com dois de seus filhos senadores e com grande companhia de homens a cavalo, e entraram dentro. E a Senhora Jacoba foi direto à enfermaria e encontrou São Francisco, de cuja vinda São Francisco teve grande alegria e consolação, e ela semelhantemente, vendo-o vivo e falando-lhe. Então ela lhe explicou como Deus lhe havia revelado em Roma, estando ela em oração, o breve termo da vida dele, e como ele devia mandar vê-la e pedir-lhe aquelas coisas, as quais todas ela disse que tinha trazido consigo e as fez apresentar a São Francisco e deu-lhe a comer. E tendo comido e muito confortado, esta Senhora Jacoba se ajoelhou aos pés de São Francisco e segurou aqueles santíssimos pés assinalados e ornados das chagas de Cristo e com tão grande devoção os beijava e banhava de lágrimas que os frades que estavam em torno pareciam ver a própria Madalena aos pés de Jesus Cristo, e por nenhum meio a podiam separar. E depois de grande espaço de tempo a levaram dali, chamaram-na à parte e perguntaram-lhe como tinha vindo tanto a tempo e munida de todas as coisas que eram necessárias à vida e à sepultura de São Francisco. Respondeu a Senhora Jacoba que, estando a orar uma noite em Roma, ouviu uma voz do céu que lhe disse: "Se quiseres achar São Francisco vivo, sem tardança vai a Assis e leva contigo daquelas coisas que lhe costumavas dar quando estava enfermo, e daquelas coisas as quais serão precisas para a sepultura". "E eu, disse ela, assim o fiz". Esteve, pois, ali a dita Senhora Jacoba até que o dito São Francisco passou desta vida e foi sepultado; e à sepultura dele fez grandíssima honra, ela com toda a companhia, e fez toda a despesa do que foi preciso. E depois retornando a Roma, dali a pouco esta gentil dama morreu santamente; e por devoção a São Francisco determinou que fosse levada e sepultada em Santa Maria dos Anjos e assim foi[24]. Em louvor de Cristo. Amém.

Como Monsior Jerônimo tocou e viu os sacrossantos estigmas de São Francisco, nos quais antes não acreditava

Na morte de São Francisco não somente a Senhora Jacoba e seus filhos com a sua companhia viram e beijaram os gloriosos estigmas dele, como também muitos cidadãos de Assis. Entre os quais um cavaleiro muito conhecido e grande homem, que tinha o nome de Monsior Jerônimo, o qual de-

---

24 É um erro. Jacoba foi sepultada na basílica inferior de São Francisco, onde se encontra ainda seu túmulo, na nave, à esquerda, com esta inscrição: *Hic requiescit Jacoba sancta nobilisque Romana.*

les muito duvidava e neles não acreditava, como São Tomé apóstolo dos de Cristo, para certificar--se e aos outros, ousadamente em frente dos frades e dos seculares movia os cravos das mãos e dos pés e apalpava de modo evidente a chaga do costado. Pela qual coisa ele depois foi testemunha daquela verdade, jurando sobre o livro que assim era e assim tinha visto e tocado. Viram ainda e beijaram os gloriosos estigmas de São Francisco, Santa Clara com as suas freiras, as quais estiveram presentes ao sepultamento.

Do dia e do ano da morte de São Francisco

Passou desta vida o glorioso confessor de Cristo monsior São Francisco, no ano de Nosso Senhor de mil duzentos e vinte e seis, num sábado, quatro de outubro, e foi sepultado num domingo. O qual ano era o ano vigésimo de sua conversão, quando tinha começado a fazer penitência, e era o segundo ano depois da impressão dos estigmas, e era no ano quarenta e cinco do seu nascimento.

Da canonização de São Francisco

Depois foi canonizado São Francisco em mil duzentos e vinte e oito, pelo Papa Gregório IX, o qual foi pessoalmente a Assis canonizá-lo. E isto bastará para a quarta consideração.

Quinta e última consideração dos sacrossantos estigmas[25]

A quinta e última consideração é de certas aparições e revelações e milagres, os quais Deus fez e mostrou depois da morte de São Francisco, para confirmação dos seus estigmas e para notificação do dia e da hora em que o Criador lhos deu. E quanto a isto, é de saber-se que no ano do Senhor de mil duzentos e oitenta e dois, no dia... do mês de outubro, Frei Filipe, ministro de Toscana, por ordem de Frei João Buonagrazia, ministro geral, requereu por santa obediência a Frei Mateus de Castiglione Aretino, que lhe dissesse o que sabia do dia e da hora na qual os sacrossantos estig-

25 Nos anos que seguiram à morte de São Francisco e mesmo mais tarde, a autenticidade dos estigmas foi muito contestada; a este respeito, cf., p. ex., no *Códice diplomático...* os documentos que se encontram às p. 8, 10, 12, 21, 32, 44 etc. As aparições, revelações e milagres que seguem foram evidentemente complicados com a intenção de responder a tais céticos e negadores. Existem muitos outros semelhantes. Como muito bem observa o Pe. Benvenuto Bughetti, OFM, na edição dos Fioretti, p. 238, n. 1, estas narrativas "pouco acrescentam ao valor histórico e moral dos estigmas, que não precisam dessas novas provas e desses novos detalhes para nos parecerem mais verdadeiros e maiores".

mas foram por Cristo impressos no corpo de São Francisco, porque tivera conhecimento de que lhe fora revelado. O qual Frei Mateus, constrangido pela obediência, assim lhe respondeu: "Estando eu de família no Alverne no ano passado, no mês de maio, pus-me um dia em oração na cela que está no lugar onde se acredita que se deu aquela aparição seráfica. E na minha oração pedia a Deus devotissimamente que lhe aprouvesse revelar a qualquer pessoa o dia e a hora e o lugar, no qual os sacrossantos estigmas foram impressos no corpo de São Francisco. E perseverando eu nesta oração além do primeiro sono, apareceu-me São Francisco com grandíssimo lume e assim me disse: 'Filho, que pedes tu a Deus?' E eu lhe disse: 'Pai, peço tal coisa'. E ele a mim: 'Eu sou teu Pai Francisco: reconheces-me bem?' 'Pai, disse eu, sim'. Então ele me mostrou os estigmas das mãos e dos pés e do lado e disse: 'Chegou o tempo em que Deus quer que se manifeste sua glória, aquela que os frades até hoje não se preocuparam de saber. Sabe que aquele que me apareceu não foi anjo, mas foi Cristo em forma de serafim, o qual com suas mãos imprimiu no meu corpo estas cinco chagas como as recebeu no seu corpo sobre a cruz. E foi deste modo: que no dia antes da exaltação da Santa Cruz veio a mim um anjo e disse-me da parte de Deus que eu me preparasse com paciência para receber o que Deus me quisesse mandar. E eu respondi que estava preparado para todas as coisas que fossem do agrado de Deus. Depois, na manhã seguinte, isto é, na manhã da Santa Cruz, a qual era naquele ano na sexta-feira, pela aurora eu saía da cela em fervor de espírito grandíssimo e fui pôr-me em oração neste lugar onde estás agora, no qual lugar eu frequentes vezes orava. E orando eu, eis que pelos ares descia do céu um jovem crucificado em forma de serafim com seis asas, com grande ímpeto. A cujo maravilhoso aspecto eu me ajoelhei humildemente e comecei a contemplar devotamente o desmesurado amor de Jesus Cristo crucificado e a desmesurada dor de sua paixão, e seu aspecto gerou em mim tanta compaixão que me parecia exatamente sentir essa paixão no meu corpo; e à sua presença todo este monte resplendia como um sol. E assim descendo chegou perto de mim, e, estando diante de mim, disse-me certas palavras secretas as quais ainda não revelei a ninguém, mas se aproxima o tempo em que elas se hão de revelar. Depois de algum tempo Cristo partiu e retornou ao céu; e eu me achei assim marcado com estas chagas. Vai, pois, disse São Francisco, e estas coisas com segurança dize ao teu ministro, porque esta operação é de Deus e não de homem'. E ditas estas palavras, São Francisco me abençoou e retornou para o céu com grande multidão de jovens esplendorosíssimos". Todas estas coisas o dito Frei Mateus disse ter visto e ouvido não a dormir, mas em vigília. E assim jurou pessoalmente ao dito ministro em Florença, em sua cela, que ele isso requereu por obediência.

Como um santo frade, lendo a Legenda de São Francisco, no capítulo dos sacrossantos estigmas, sobre as secretas palavras as quais disse o serafim a São Francisco quando lhe apareceu, tanto pediu a Deus, que São Francisco lhas revelou

De uma outra vez um frade devoto e santo, lendo a Legenda de São Francisco, no capítulo dos estigmas, começou com grande ansiedade de espírito a pensar que palavras poderiam ser aquelas tão secretas, as quais São Francisco disse que não revelaria a ninguém enquanto vivesse, as quais o serafim lhe havia dito quando apareceu. E dizia este frade consigo mesmo: "Aquelas palavras não quis São Francisco dizer a ninguém em vida, mas agora depois de sua morte corporal talvez as dissesse se lhe fosse pedido devotamente". E de ora em diante começou o devoto frade a suplicar a Deus e a São Francisco que lhes aprouvesse revelar aquelas palavras, e, perseverando este frade por oito anos neste pedido, no oitavo ano mereceu ser atendido por esta forma. Que um dia, depois de comer, rendidas as graças na igreja, estando este em oração em certa parte da igreja e orando para isto a Deus e a São Francisco mais devotamente do que soía e com muitas lágrimas, ele foi chamado por um outro frade e lhe foi ordenado da parte do guardião que o acompanhasse à cidade por utilidade do convento. Pela qual coisa ele, não duvidando de que a obediência é mais meritória do que a oração, imediatamente após ter ouvido a ordem do prelado, deixa a oração e vai humildemente com o frade que o chamava. E como aprouve a Deus, ele com aquele ato de pronta obediência mereceu o que por longo tempo de oração não havia merecido.

Pelo que tão depressa se acharam fora da porta do convento se encontraram com dois frades forasteiros, os quais pareciam ter vindo de distantes países, e um deles parecia jovem e o outro velho e magro, e pelo mau tempo estavam molhados e enlameados. Do que este frade obediente, tendo grande compaixão, disse ao companheiro que com ele ia: "Ó irmão meu caríssimo, se o caso pelo qual vamos pode esperar um pouco, porque estes frades forasteiros têm grande necessidade de ser recebidos caridosamente, peço-te que me permitas primeiramente lavar-lhes os pés e especialmente a este frade velho, que tem maior precisão, e tu poderás lavar os do mais moço; e depois iremos pelo negócio do convento". Então condescendendo o frade à caridade do companheiro, voltaram para dentro, e recebendo os frades forasteiros mui caritativamente, levaram-nos à cozinha para se aquecerem e se enxugarem ao fogo, ao qual fogo se aqueciam outros oito frades do convento. E depois de estarem um pouco ao fogo, os levaram de parte para lhes lavar os pés, segundo o que juntos tinham combinado. E lavando aquele frade obediente e devoto os pés àquele frade mais velho, porque estavam muito sujos de lama, e olhando, viu-lhe os pés assinalados com estigmas; e subitamente abraçando-os estreitamente, entre alegria e estupor começou a gritar: "Ou és Cristo ou São Francisco". A esta voz e a estas palavras levantaram-se os frades que estavam ao fogo, e lá foram a ver com grande tremor e reverência aqueles gloriosos estigmas. E então o frade velho por pedido deles permite-lhes que os vejam claramente e os toquem e os beijem. E ainda maravilhando-se eles mais pela alegria, disse-lhes: "Não duvideis e não temais, irmãos caríssimos e filhos; eu sou o vosso Pai Francisco, o qual, segundo a vontade de Deus fundou três Ordens. E se bem que tenha sido rogado, há oito anos, por este frade o qual me lava os pés, e hoje mais fervorosamente do que das outras vezes, para lhe revelar aquelas palavras secretas que me disse o serafim quando me deu os estigmas, as quais palavras nunca quis revelar em vida, hoje por ordem de Deus, por sua perseverança e pela pronta obediência, pela qual deixou a sua doçura de contemplação, foi-me mandado por Deus de revelar-lhe diante de vós o que ele pede". E então, voltando-se São Francisco para aquele frade, disse assim: "Sabe, caríssimo irmão, que estando eu no Monte Alverne, todo absorvido na memória da paixão de Cristo, nesta aparição seráfica eu fui assim por Cristo estigmatizado no meu corpo, e então Cristo me disse: 'Sabes o que te fiz? Dei-te os sinais de minha paixão a fim de que sejas meu gonfaloneiro. E como no dia da minha morte desci ao limbo, e todas as almas que ali achei, em virtude dos meus estigmas tirei-as e levei-as ao paraíso; assim te concedo desde já, a fim de que me sejas tão conforme na morte como tens sido na vida, que tu, desde que passes desta vida, cada ano, no dia de tua morte, vás ao purgatório e todas as almas das tuas três Ordens, isto é, menores, irmãs e continentes e, além destas, as dos teus devotos que ali encontrares, dali as tires em virtude dos teus estigmas, os quais te dei, e as leves ao paraíso'. E estas palavras não disse a ninguém enquanto vivi neste mundo". E ditas estas palavras São Francisco e o companheiro subitamente desapareceram. Muitos frades ouviram isto depois daqueles oito frades, que estiveram presentes a esta visão e às palavras de São Francisco. Em louvor de Cristo. Amém.

Como São Francisco, tendo morrido, apareceu a Frei João do Monte Alverne que estava em oração

No Monte Alverne apareceu uma vez São Francisco a Frei João do Alverne, homem de grande santidade, estando ele em oração, e ficou e falou com ele por grande espaço de tempo: e finalmente, querendo partir, lhe disse: "Pede-me o que quiseres". Disse Frei João: "Pai, peço-te que me digas o que há longo tempo desejo saber, isto é, o que fazias e onde estavas quando apareceu o serafim". Respondeu São Francisco: "Eu orava naquele lugar onde agora está a capela do Conde Simão de Battifolle, e pedia duas graças a meu Senhor Jesus Cristo. A primeira era que me concedesse em vida que sentisse em minha alma e no meu corpo, quanto fosse possível, toda aquela dor que Ele tinha sentido em si mesmo no tempo de sua acerbíssima paixão. A segunda graça que pedia era que, semelhantemente, sentisse, em meu coração, aquele excessivo amor do qual se inflamara para suportar tanta paixão por nós pecadores. E então Deus me pôs no coração que me concederia de sofrer uma e outro quanto fosse possível a uma simples criatura, a qual coisa bem me foi permitida com a impressão dos estigmas". Então Frei João lhe perguntou se aquelas palavras secretas, as quais lhe tinha dito o serafim, tinham sido as mesmas que dizia aquele santo frade supradito, o qual afirmava que as tinha ouvido de São Francisco em presença de oito frades. Respondeu São Francisco que assim era na verdade, como aquele frade tinha dito. Então Frei João ainda tomou coragem de pedir, pela liberalidade de quem concedia, e disse assim: "Ó pai, eu te peço insistentissimamente que me deixes ver e beijar os teus gloriosos estigmas, não absolutamente porque duvide, mas só por minha consolação; porque isto sempre desejei". E São Francisco com liberalidade mostrando-os, Frei João claramente os viu e os tocou e os beijou. E finalmente ele perguntou: "Pai, quanta consolação teve vossa alma vendo Cristo bendito vir a vós para dar-vos os sinais de sua santíssima paixão? Ora, quisesse Deus que eu sentisse um pouco daquela suavidade!" Responde então São Francisco: "Vês estes cravos?" E Frei João: "Pai, sim". "Toca uma outra vez, disse São Francisco, neste cravo que está em minha mão". Então Frei João com grande reverência e temor toca naquele cravo e subitamente desse tocar tal odor saiu, como um fio de fumo, parecendo incenso, e entrando pelo nariz de Frei João, de tanta suavidade enche sua alma e o seu corpo que imediatamente ele foi arrebatado em êxtase e ficou insensível; e assim arroubado esteve desde aquela hora, que era a hora Terça, até Vésperas. E aquela visão e íntimo falar com São Francisco, Frei João não disse a ninguém, senão ao seu confessor, até que veio a morrer; mas estando perto da morte, os revelou a vários frades. Em louvor de Cristo. Amém.

De um santo frade que viu uma admirável visão de um seu companheiro que havia morrido

Na Província de Roma, um frade muito devoto e santo viu esta admirável visão. Tendo morrido de noite e pela manhã sendo enterrado em frente da entrada do Capítulo um caríssimo frade seu companheiro, no mesmo dia recolheu-se aquele frade em um canto do Capítulo após o jantar para pedir a Deus e a São Francisco devotamente pela alma daquele frade morto, seu companheiro. E perseverando ele em oração com súplicas e com lágrimas, pelo meio-dia, quando todos os irmãos estavam a dormir, eis que sentiu um grande rumor pelo claustro, pelo que subitamente com grande medo dirigiu os olhos para o sepulcro daquele seu companheiro e viu na entrada do Capítulo São Francisco, e atrás dele uma grande multidão de frades em torno ao dito sepulcro. Olha mais e vê no meio do claustro um fogo de chama grandíssima e no meio da chama a alma do seu companheiro morto. Olha ao redor do claustro e vê Jesus Cristo andar em torno do claustro com grande companhia de anjos e de santos. Olhando estas coisas com grande estupor, vê que, quando Cristo passa diante do Capítulo, São Francisco com todos aqueles frades se ajoelha e diz assim: "Eu te suplico, pai meu santíssimo e senhor, pela inestimável caridade a qual mostraste à humana geração na tua encarnação, que tenhas misericórdia da alma deste meu irmão, a qual arde naquele fogo". E retornando a segunda vez e passando diante do Capítulo, São Francisco ainda ajoelha com os seus frades como a princípio e suplica-lhe deste modo: "Peço-te, piedoso pai e senhor, pela desmesurada caridade que mostraste à humana geração quando morreste no lenho da cruz, que tenhas misericórdia da alma deste meu irmão". E Cristo semelhantemente passava e não atendia. E fazendo a volta em torno do claustro, retornava a terceira vez e passava diante do Capítulo, e então São Francisco, ajoelhando-se como antes, lhe mostrou as mãos e os pés e o peito e disse assim: "Peço-te, piedoso pai e senhor, pela grande dor e a grande consolação que senti quando impuseste estes estigmas à minha carne, que tenhas misericórdia da alma daquele meu irmão que está no fogo do purgatório". Admirável coisa! Tendo sido suplicado Cristo nesta terceira vez por São Francisco em nome de seus estigmas, imediatamente retém o passo, olha os estigmas e atende a súplica e diz assim: "A ti, Frei Francisco, concedo a alma do teu irmão". E com isto quis decerto honrar e confirmar ao mesmo tempo os gloriosos estigmas de São Francisco e abertamente significar que as almas dos seus irmãos que vão ao purgatório não têm meio mais fácil de ser libertadas das penas e conduzidas à glória do paraíso, do que em virtude dos seus estigmas, segundo as palavras que Cristo, imprimindo-os, disse a São Francisco. Pelo que subitamente, ditas estas palavras, o fogo do claustro desvaneceu-se e o frade morto veio a São Francisco e junto com ele e Cristo e com toda aquela bem-aventurada companhia gloriosa subiu ao céu. Pela qual coisa este frade, seu companheiro, que havia suplicado por ele, vendo-o livre das penas e levado ao paraíso, teve grandíssima alegria e depois narrou aos outros frades por ordem toda a visão, e junto com eles louvou e agradeceu a Deus. Em louvor etc. Amém.

Como um nobre cavaleiro, devoto de São Francisco, certificou-se da morte e dos estigmas de São Francisco

Um nobre cavaleiro de Massa de São Pedro, que tinha por nome Monsior Landolfo, o qual era devotíssimo de São Francisco, e finalmente de suas mãos recebeu o hábito da Ordem Terceira, certificou-se deste modo da morte de São Francisco e de seus gloriosos estigmas. Porque, estando São Francisco próximo à morte, naquele tempo entrou o demônio numa mulher do dito castelo e cruelmente a atormentava, e com isto a fazia falar à letra tão sutilmente que todos os homens sábios e letrados que vinham disputar com ela eram vencidos. Adveio que, partindo-se dela, o demônio a deixou livre dois dias, e no terceiro voltando a ela a afligia muito mais cruelmente do que antes. A qual coisa ouvindo Monsior Landolfo, foi-se àquela mulher e perguntou ao demônio que habitava nela qual era a razão por que se tinha ausentado dela durante dois dias e depois voltando a atormentava mais asperamente do que antes. Responde o demônio: "Quando a deixei, com todos os meus companheiros que estão nestas bandas, nos reunimos e fomos com grande poder à morte do mendigo Francisco para disputar com ele e arrancar-lhe a alma; mas, porque ela estava rodeada e defendida por uma legião maior do que éramos nós e por eles levada diretamente ao céu, nós nos partimos confusos[26]; de sorte que restituo e dou a esta mísera mulher o que em dois dias lhe faltei".

E então Monsior Landolfo o conjurou da parte de Deus de dizer o que havia de verdade na santidade de São Francisco, o qual ele dizia que tinha morrido, e de Santa Clara que estava viva. Responde o demônio: "Eu te direi, quer queiras quer não, o que é verdade. Ele, Deus Pai, estava tão indignado contra os pecados do mundo que em breve pare-

---

26 A ingenuidade desses demônios que nutrem a esperança de se apossar da alma de São Francisco nos parece bastante exagerada. A disputa pela alma que deixa a terra é um tema que se encontra muitas vezes na literatura e na arte medievais. Dante também inclui esse tema na *Divina comédia*, Inferno XXVII, p. 112-129, e Purgatório V, p. 103-108.

cia querer pronunciar contra os homens e contra as mulheres a definitiva sentença e exterminar o mundo se não se corrigisse. Mas Cristo, suplicando pelos pecadores, prometeu renovar a sua vida e a sua paixão em um homem, isto é, em São Francisco pobrezinho e mendigo, por cuja vida e doutrina ele reduziria muitos de todo o mundo ao caminho da verdade e da penitência. E então, para mostrar ao mundo que isto ele tinha feito em São Francisco, quis que os estigmas de sua paixão, os quais tinha impressos em seu corpo em vida, fossem agora vistos por muitos e tocados em sua morte. Semelhantemente a Mãe de Cristo prometeu renovar sua pureza virginal e sua humildade em uma mulher, isto é, em Santa Clara, por tal forma que por seu exemplo ela arrancaria muitos milhares de mulheres das nossas mãos. E assim por estas promessas Deus Pai apaziguado deferiu sua sentença definitiva". Então Monsior Landolfo, querendo saber com certeza se o demônio, que é o pai da mentira, nestas coisas dizia a verdade e especialmente sobre a morte de São Francisco, mandou um seu fiel donzel em Assis, a Santa Maria dos Anjos, para saber se São Francisco estava vivo ou morto. O qual donzel chegando lá soube, e assim, retomando, contou ao seu senhor que, no mesmo dia e hora que o demônio tinha dito, São Francisco havia passado desta vida. Em louvor de Cristo. Amém.

Como o Papa Gregório IX, duvidando dos estigmas de São Francisco, foi esclarecido

Deixando todos os milagres dos estigmas de São Francisco, os quais se leem em sua Legenda, como conclusão desta quinta consideração, é de saber-se que o Papa Gregório IX, duvidando um pouco da chaga do lado de São Francisco, conforme depois contou, apareceu-lhe uma noite São Francisco e erguendo um pouco o braço direito, descobriu a ferida do lado e pediu-lhe uma garrafa; e ele a mandou buscar; e São Francisco mandou pô-la sob a ferida do lado; e pareceu verdadeiramente ao papa que ela se enchia até ao gargalo de sangue misturado com água, que saía da dita ferida. E de ora em diante se partiu dele toda a dúvida. E depois ele, a conselho de todos os cardeais, aprovou os estigmas de São Francisco e disso deu aos frades privilégio especial com o selo; e isto fez em Viterbo, no undécimo ano de seu papado, e depois no ano duodécimo lhes deu um outro mais copioso. E ainda o Papa Nicolau

III e o Papa Alexandre concederam copiosos privilégios, pelos quais contra todo aquele que negasse os sacrossantos estigmas de São Francisco se poderia proceder como com os heréticos. E isto baste, quanto à quinta e última consideração dos gloriosos estigmas de nosso pai São Francisco, cuja vida Deus nos dê a graça de seguirmos neste mundo, para que pela virtude dos seus estigmas gloriosos mereçamos ser salvos com ele no paraíso. Em louvor de Cristo. Amém.

Conecte-se conosco:

f facebook.com/editoravozes

🅾 @editoravozes

🐦 @editora_vozes

▶ youtube.com/editoravozes

🗨 +55 24 2233-9033

www.vozes.com.br

Conheça nossas lojas:

www.livrariavozes.com.br

Belo Horizonte – Brasília – Campinas – Cuiabá – Curitiba
Fortaleza – Juiz de Fora – Petrópolis – Recife – São Paulo

 EDITORA VOZES  VOZES NOBILIS Vozes de Bolso  Vozes Acadêmica

EDITORA VOZES LTDA.
Rua Frei Luís, 100 – Centro – Cep 25689-900 – Petrópolis, RJ
Tel.: (24) 2233-9000 – E-mail: vendas@vozes.com.br